Roswitha Ram

Die vier Energete

Über das Buch:

Kraftlos und in schlechter Stimmung? Die Schultern verkrampft, der Rücken schmerzt, und auch um die Kondition ist es schlecht bestellt? Der Gang ins Fitneßstudio erscheint zu aufwendig, die Fülle von Gymnastikangeboten ist verwirrend, und die guten Vorsätze scheitern – wie immer – nach kürzester Zeit. Macht nichts! Roswitha Ram hat eine verblüffend einfache Methode entwickelt, mit der Sie im Alltag Energie auftanken und etwas für Ihre Gesundheit tun können. Klar nachvollziehbar, praktisch und kompetent zeigt Ihnen dieser Ratgeber, wie Sie mit dem einzigartigen Konzept der vier Energeter ein völlig neues körperliches und seelisches Lebensgefühl entwickeln können, das Ihnen hilft, unseren stressigen und hektischen Alltag besser zu bewältigen. Mit den vier Energetern ist es Ihnen möglich, etwas für die Erhaltung Ihrer körperlichen Gesundheit und die Entwicklung eines ganzheitlichen Wohlbefindens zu tun.

Die Autorin:

Roswitha Ram, mag. pharm., erweiterte nach ihrem naturwissenschaftlichen Studium der Pharmazie kontinuierlich ihr Wissensspektrum durch zahlreiche Aus- und Fortbildungen in den Bereichen Bewegung, Entspannung und Streßbewältigung. Nach einer leitenden Funktion in der Erwachsenenbildung führte sie im Rahmen ihrer Firma S & S-Gesundheitsförderung Projekte für präventive Maßnahmen durch, wie den Gesundheitspark der Stadt Bad Tölz, ein Streßmanagementprogramm für eine renommierte Privatklinik und ein Projekt für betriebliche Gesundheitsförderung.
In den letzten Jahren legte die Autorin den Schwerpunkt ihrer Projektarbeit auf den Bereich Entspannung und Streßbewältigung. Während ihrer langjährigen Tätigkeit in einer renommierten Privatklinik und in ihrer Entspannungspraxis in Bad Wiessee entwickelte sie das vorliegende Energietraining – die vier Energeter.

Roswitha Ram

Die vier Energeter
Das Energietraining für Körper und Seele

Mit 56 Zeichnungen von Nike Schenkl

Ullstein

Ullstein Buchverlage GmbH & Co. KG
Berlin
Taschenbuchnummer: 35 846
Originalausgabe
Mit 56 Zeichnungen von Nike Schenkl
April 1999
Umschlaggestaltung: Claudia Ott
Unter Verwendung einer Zeichnung von Herbert Streibl

Printed in Germany 1999
Gesamtherstellung:
Clausen & Bosse, Leck
ISBN 3 548 35846 2

Die Deutsche Bibliothek – CIP-Einheitsaufnahme

Rodden-Ram, Roswitha:
Die vier Energeter : das Energietraining für Körper und Seele /
Roswitha Ram. Mit 56 Zeichnungen von Nike Schenkl. –
Orig.-Ausg. – Berlin : Ullstein 1999
(Ullstein-Buch ; 35846)
ISBN 3-548-35846-2

Dieses Buch widme ich
meinen Kindern
Roswitha und Rosemarie

Inhaltsverzeichnis

Danksagung

Für Anregungen und konkrete Hilfestellungen
danke ich
Fridrun Kerkmann, Christine Kilian,
Prof. Dr. Eberhard und Eve Klein, Petra Kobayashi,
Marie-Luise Lehner, Eckehart
und Christiane Schumacher-Gebler,
Sabine und Hartmuth Wurzbacher, meinen Eltern
Dr. Manfred und Gertrud Ram und
meinen Kindern Roswitha und Rosemarie.

Mein besonderer Dank gilt
meinem Mann Ludwig für seine vielfältige
Unterstützung.
Weiter danke ich Frau Dr. Viktoria Mönch für die
Beratung und für ihre Bereitschaft, das Vorwort
zu schreiben.

Vorwort

Kennen Sie Energielosigkeit, Erschöpfung und Burn-out-Syndrom? Ich hoffe nicht, und ich glaube, Sie werden diese Zustände auch nicht kennenlernen, denn Sie verschaffen sich offensichtlich rechtzeitig wichtige Informationen darüber!

Roswitha Ram versteht es in dem vorliegenden Sachbuch meisterhaft, uns durch verblüffend einfach wirkende Erkenntnisse aufzuzeigen, wie wir unsere Energien nicht im Dauerstreß erschöpfen, sondern den Alltag mit weniger Kräfteverschleiß bewältigen können. Der Schlüssel, mentale Gelassenheit über körperliche Gelassenheit zu erreichen, ist Gegenstand dieses Buches. Die Vorgehensweise wird an Hand von wissenschaftlich fundierten Aussagen plausibel erklärt und ist durch den gut nachvollziehbaren Praxisteil auch sofort im Alltag umsetzbar.

Beim Lesen spürt man, wie es der Autorin gelingt, in uns ruhendes, natürliches Wissen ans Licht der Erkenntnis zu bringen. Wir können uns in der Mitte unseres Körpers, in der Mitte unseres Seins zentrieren, und das immer und überall, im Büro, zu Hause, an der Bushaltestelle oder im Straßencafé. Mentale Gelassenheit stellt sich automatisch durch körperliche Gelassenheit ein, das eigene Potential kann optimal genutzt werden.

Nach dieser Lektüre besteht für uns die Gewißheit, uns selbst helfen zu können; dies gilt auch für die, die schon vieles gelesen und ausprobiert haben, die zu Trainingsstätten gepilgert sind oder als Autodidakten exotische Anleitungen richtig anzuwenden versucht haben. Wir sollten mit dem Training im Liegen, Sitzen, Stehen und Gehen nicht warten, bis uns die Gretchenfrage gestellt wird: „Wie schlecht muß es Ihnen gehen, bevor Sie etwas für sich tun?"

Mit dem vorliegenden Buch macht die Autorin jedem von uns ein Geschenk zur Erhaltung von Vitalität und Lebenskraft.

Dr. rer. nat. Viktoria Mönch

Kapitel 1: Die Entwicklung

Energie gewinnt man im Liegen, Sitzen, Stehen und beim Gehen!

Ja, genau das war's! Ich war sofort elektrisiert. Sozusagen im *Vorübergehen* Power tanken – das entsprach exakt meiner Vorstellung, besonders da gleichzeitig auch noch ein gesunder, beweglicher Gelenkapparat, lockere Muskeln, eine freie Atmung, ein positives Lebensgefühl und noch vieles andere mehr damit verbunden war. Wenn das möglich war, war das gleichbedeutend mit dem Traum der Alchimisten, den Stein der Weisen zu finden!

Ich war gerade mitten in meinem naturwissenschaftlichen Studium, als obiger Ausspruch Cheng Man-Ch'ings, eines anerkannten Meisters des T'ai Chi Ch'uan, mich aufhorchen ließ und sofort meine Neugierde und meinen Ehrgeiz weckte. Den Blick auf große Entdeckungen gerichtet, beschloß ich, dieser Behauptung nachzugehen und sie auf ihre Richtigkeit hin zu überprüfen. Wenn dieses Statement mit Argumenten unterlegt und bewiesen werden könnte, so würde dies, nun ja, zumindest die Welt verändern – Bescheidenheit ist ja bekanntlich nicht das Hauptmerkmal eines ungestümen jugendlichen Temperamentes.

Ich war überzeugt, daß sich die meisten Menschen, genau wie ich, an dem sogenannten MiniMax-Prinzip orientierten: Sie investieren, wenn überhaupt, nur ein Minimum, erwarten aber ein Maximum. Falls es nun möglich wäre, im Alltag, also quasi nebenbei, Energie zu tanken, so würden sich auch diejenigen Menschen zu einem Energietraining motivieren lassen, die sich im allgemeinen nicht um ihr Befinden kümmern, und jeder würde dann besser, schöner, jünger, gesünder und friedlicher werden. Ich sah die Menschen schon alle vor mir, die sich täglich wohler fühlen und ihre Energie nutzbringender einsetzen würden als in destruktiven Muskelverspannungen!

Glücklicherweise wußte ich damals noch nicht, wie lange es dauern würde, eine Grundtechnik zu entwickeln, die es erlaubt, im Liegen, Sitzen, Stehen und beim Gehen Energie zu gewinnen. Lassen Sie mich aber die Entwicklung Schritt für Schritt schildern.

Als erstes hatte ich vor, naturwissenschaftlich zu ergründen, auf welcher Erkenntnis die Aussage Cheng Man-Ch'ings basierte. Alten Meistern stand aus meiner Sicht zwar ein fundiertes empirisches Wissen zur Verfügung, andererseits werden westliche wissenschaftliche Forschungen mit Untersuchungsmethoden vorgenommen, die zu keiner Zeit vorher möglich waren. Wenn man also die aus vielfacher Erfahrung gewonnenen Überlegungen der alten Weisen an Hand der neuesten technologischen Untersuchungen der Neuzeit überprüfen würde, müßte sich Cheng Man-Ch'ings Aussage doch nachweisen und praktisch nachvollziehen lassen!

Voller Tatendrang machte ich mich daran, Universitätsbibliotheken nach entsprechenden Forschungsarbeiten zu durchforsten. Nach Sichtung des Materials, das eine Vielzahl von Quellen aus östlichen Schriften und westlichen Forschungen umfaßte, wurde mir ziemlich schnell klar, daß in diesem Falle das MiniMax-Prinzip versagte, denn die zu bearbeitenden Unterlagen waren derart umfangreich, daß mich beinahe der Mut verlassen hätte, weiterzumachen. Ich rief mir jedoch ins Gedächtnis, daß ich doch dabei war, neben meinem Erwerb von Lorbeeren auch ein gutes Werk für die Menschheit zu tun, und begann in die Materie einzutauchen – im wahrsten Sinne des Wortes, denn die Bücherstapel überragten meinen Kopf. Ich werde nachfolgend die Ergebnisse meiner Untersuchungen zusammenfassen. Falls Sie an trockenem Wissen nicht allzu interessiert sind, kann ich Ihnen schon vorab sagen – Cheng Man-Ch'ing hatte recht! Man setzt im Liegen, Sitzen, Stehen und beim Gehen einen unnötig hohen Energieaufwand ein, der durch entsprechendes Training problemlos reduziert werden kann.

Verbraucht man im Alltag unnötig viel Energie?

Der erste Schritt meiner Projektarbeit war, Untersuchungsberichte zu studieren, die sich mit Messungen des muskulären Spannungsniveaus im Alltag beschäftigten. Zu meiner Freude wurde nachgewiesen, daß die meisten Personen für alltägliche Bewegungsabläufe ein viel zu hohes Maß an Energie einsetzen. Wenn Probanden Bewegungen ausführten, wie zum Beispiel eine Tastatur betätigen, schreiben, eine Tasse halten, eine Tür öffnen etc., arbeitete der gesamte Muskelapparat ohne erkennbare Notwendigkeit im oberen Bereich der körperlichen Leistungsfähigkeit. Obwohl nur ein Bruchteil des Kraftaufwandes zur Ausführung der jeweiligen Tätigkeit notwendig wäre, wird ein Vielfaches an Muskelkraft eingesetzt. Selbst Sitzen, Stehen und Gehen waren mit einer unverhältnismäßig hohen Muskelanspannung verbunden.

Warum sind Alltagsbewegungen mit einem viel zu hohen Energieaufwand verbunden?

Es stellte sich natürlich sofort die Frage, aus welchem Grund der Muskelapparat der meisten Menschen im Alltag mit einem viel zu hohen Energiepotential arbeitet. Der nachfolgend dargestellte Ablauf der physiologischen Reaktionsweise bei Streß bot einen ersten Anhaltspunkt:

Jede Aufgabe, Anforderung, Herausforderung, also Streß im weitesten Sinne des Wortes, bewirkt sowohl mental als auch körperlich eine erhöhte Aktivität – die Frequenz der Gehirnwellen steigt, Atmung und Herzschlag werden schneller, die Muskelspannung erhöht sich etc. Nach der Bewältigung der Situation läßt die eingetretene Anspannung wieder nach, und der Organismus geht in eine Erholungsphase über.

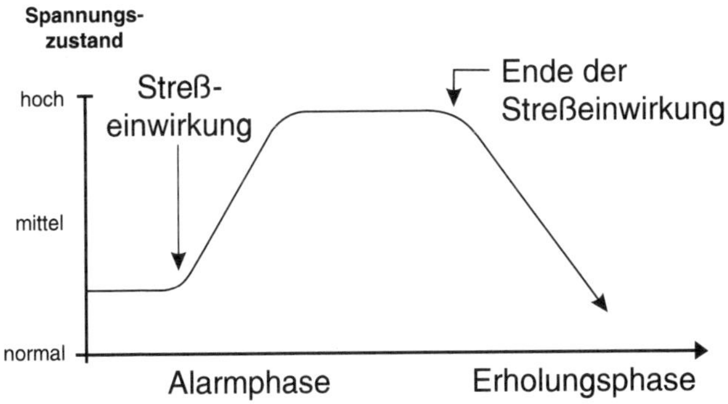

Die Frage, warum wir unseren Muskelapparat auch dann unter hoher Anspannung halten, wenn wir nur einen Bleistift über das Papier schieben, ließ sich aber erst nach intensiven Studien des entwicklungsgeschichtlichen Hintergrundes schlüssig begründen:

Millionen Jahre lang hatten wir unser Dasein in freier Wildbahn gefristet und benötigten zur Bewältigung jeder Aufgabe und jeder Herausforderung körperliche Muskelkraft. Egal, ob wir auf die Jagd gingen oder uns verteidigten: Jederzeit mental und körperlich einsatzfähig zu sein war unabdingbar notwendig für unser Überleben.

Das Gehirn registriert einen Stressor:

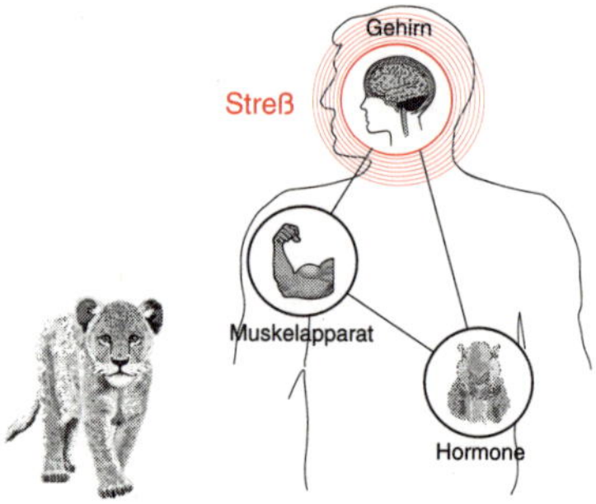

Die Information *Streß* wird an den Organismus weitergegeben:

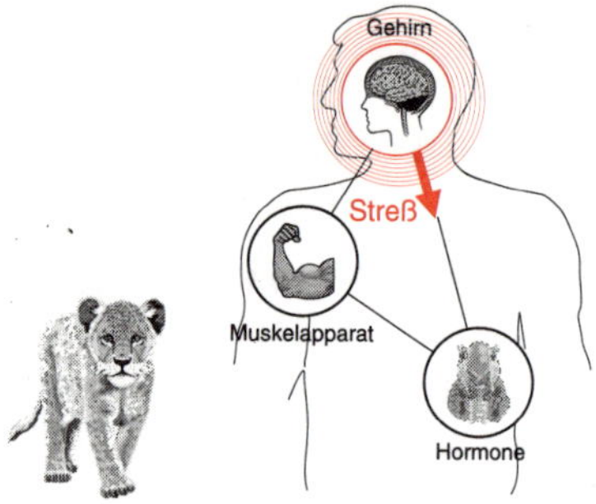

Der gesamte Organismus ist alarmiert, und der Streß wird bekämpft:

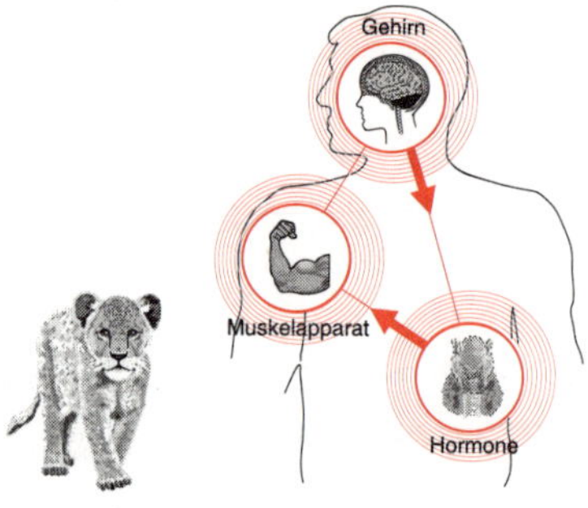

Nachdem diese Mechanismen heute noch genauso wirksam sind wie damals, bewirkt somit jede wie auch immer geartete Anforderung instinktiv eine Erhöhung der körperlichen Spannung. Egal, ob man wirklich einem brüllenden Löwen oder einem wie ein Löwe brüllenden Chef gegenübersteht: Jede subjektiv als Streß empfundene Situation ist reflexartig mit einer relevanten Erhöhung der körperlichen Spannung verbunden. Auch eine rein mentale Anforderung ist also instinktiv mit einer muskulären Anspannung gekoppelt – daher der unnötig hohe Krafteinsatz beim Schieben eines Bleistiftes über das Papier!

Ich hätte die Wissenschaftler küssen können – das war die Bestätigung für Cheng Man-Ch'ings Aussage „Energie gewinnt man im Liegen, Sitzen, Stehen und beim Gehen". Offensichtlich hatte dieser bei seinem Studium der westlichen Menschen beobachtet, daß die meisten sich im Alltag mit viel zuviel Kraft bewegten, und auch ohne die Bestätigung durch wissenschaftliche Forschungen den Zusammenhang erkannt zwischen der häufig vorhandenen Dauerbelastung im Alltag und dem immer häufiger eintretenden *Burn-out-Syndrom.*

Denn reiht sich im Alltag eine Anforderung an die andere, folgt also ein *brüllender Löwe* auf den anderen, befindet sich der gesamte Organismus Tag für Tag auf einem extrem hohen Aktivierungsniveau. Bildlich gesehen entspricht die tägliche Menge an Anforderungen einer über Monate, wenn nicht Jahre andauernden *Jagdsituation*, in der der Körper immer aufs höchste gefordert wird. Findet kein entsprechender Ausgleich in

Form von ausreichenden Ruhephasen statt, um die verbrauchte Energie wieder aufzutanken, so wird der Organismus auf Daueraktivität programmiert. Er stellt sich auf die subjektiv empfundene Situation ein, praktisch dauernd *von Löwen umgeben zu sein*, und verändert seinen Stoffwechsel derart, daß dieser *Belagerungszustand* bewältigt werden kann. Der Betroffene hat dann zwar im Moment das angenehme Gefühl, enorm belastbar und leistungsfähig zu sein. Er glaubt, gar keine Ruhephasen zu benötigen; man fühlt sich ähnlich einer lustbetonten Jagdsituation im Dauerstreß wohl und hält mit der Zeit diese enorme Belastungsfähigkeit für den Normalzustand – aber genau da liegt der Hase im Pfeffer.

Der Organismus kann wohl über eine ganze Zeit lang eine extreme Belastung verkraften, aber er hat nicht unbegrenzt Energie in seiner *Batterie* zur Verfügung! Wenn diese nicht durch Ruhephasen aufgetankt wird, sinkt der Energiepegel immer weiter ab, und der Organismus stößt an seine Grenzen. Leider macht sich das zunehmende *Entleeren* der Batterie nicht sofort bemerkbar, sondern wird erst in einem sehr späten Stadium spürbar. Eine eventuelle Einsicht kommt zumeist erst dann, wenn ein gravierender Erschöpfungszustand nicht mehr zu leugnen ist. Wenn also bei dauernder Belastung keine Erholungsmöglichkeit eingeplant wird, werden die Energiereserven des Körpers aufgezehrt, und der Kollaps ist vorprogrammiert.

Eine der Ursachen für die so häufig auftretenden Erschöpfungszustände unserer Zeit ist also offensichtlich die dauernde körperliche Anspannung unter Streß. Obwohl wir in unserem zivilisierten Umfeld kaum mehr körperliche Kraft zum Überleben brauchen, *jagen* wir heute noch genauso hinter den Dingen her wie in der Urzeit. Wie kann man dies verhindern? Ist es möglich, die körperliche Anspannung zu verringern? Kann man den Organismus auf einem mittleren Spannungsniveau halten, obwohl man mental gefordert ist?

Kann das Aktivitätsniveau bewußt gesenkt werden?

Im nächsten Arbeitsschritt galt es somit zu eruieren, ob eine körperliche Anspannung bewußt verringert werden kann. In meinem jugendlichen Optimismus stellte ich mir dies nicht so schwer vor und mußte sehr viel Disziplin aufbringen, meine normalen Studien in der nächsten Zeit nicht zu vernachlässigen. Sie erschienen mir ziemlich langweilig im Vergleich zu meiner fast detektivischen Arbeit an meiner vielversprechenden Zukunftsvision von lauter locker entspannten Menschen.

Für meine Studien stand mir diesmal ein weites Feld von Arbeiten zur Verfügung. Sowohl westliche als auch östliche Entspannungstechniken wurden seit Jahren intensiv erforscht, wobei an Hand von EEG[1]-Messungen die Auswirkung einzelner Übungen auf die Frequenz der Gehirnwellen eruiert wurde. Die EEG-Messung der

1 Elektroenzephalogramm – Kurvenbild des Verlaufs der Gehirnströme

Gehirnströme eignete sich gut, die Wirksamkeit einer Technik zu überprüfen, da das Gehirnwellenmuster in direktem Zusammenhang mit dem Spannungszustand des Körpers steht:

– Je höher die Frequenz der Gehirnwellen ist, desto höher ist auch der Spannungszustand des Körpers.
– Sinkt die Frequenz der Gehirnwellen hingegen und geht das Wellenmuster in die mehr synchron laufenden Alpha-Wellen über, so tritt im Organismus eine zunehmende Entspannung ein.

Bei allen Untersuchungen wurde festgestellt, daß sich bei geübten Probanden beim Einsatz einer entsprechenden Technik die Frequenz der Gehirnwellen verringert und sich dadurch parallel das Spannungsniveau der Muskulatur reduziert. Lenken die Probanden zum Beispiel die Aufmerksamkeit bewußt auf ein **Sinkenlassen** des linken Armes, so verringert sich dadurch, wie im EEG nachvollziehbar, die Frequenz der Gehirnwellen. Die höherfrequenten Beta-Wellen gehen in die langsameren und gleichmäßigeren Alpha-Wellen über:

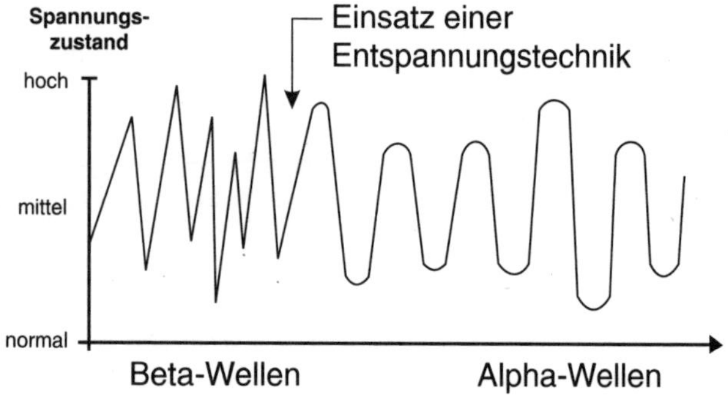

Gleichzeitig mit der Veränderung der Gehirnwellen tritt eine zunehmende Entspannung im Körper ein, so daß mit der Zeit im gesamten Organismus das Aktivitätsniveau reduziert wird. Atmung, Herzschlag, Blutdruck etc. arbeiten nicht mehr auf Hochtouren, und die gesamte Muskulatur wird lockerer. Ein bewußter Impuls zur Verringerung der Muskelspannung einer Körperpartie, wie z. B. das **Sinken-Lassen**, verursacht also ganzheitlich die Verringerung einer hohen Aktivität im gesamten Organismus.

Damit war der erste Abschnitt meines Projektes, die Untersuchung der Spannungssituation im Alltag und das Eruieren, ob es die Möglichkeit einer bewußten Spannungsreduktion gab, abgeschlossen. Um nun wirklich im Liegen, Sitzen, Stehen und beim Gehen Energie zu gewinnen, galt es eine Möglichkeit zu finden, um jederzeit unauffällig sein Spannungsniveau regulieren zu können. Je mehr ich aber darüber nachdachte, desto deutlicher wurde mir bewußt, daß dies kein einfaches Unterfangen werden würde. Ich mußte dafür nicht nur die einzelnen Methoden theoretisch durchforsten, sondern diese auch praktisch erlernen, um den Effekt der einzelnen Übungen selbst erleben und beurteilen zu können.

Schweren Herzens nahm ich Abschied von der Vorstellung, das Projekt in Kürze abschließen zu können, und entschloß mich, erst einmal alte und neue Techniken wie Chi Gong, T'ai Chi Ch'uan, progressive Muskelentspannung etc. zu erlernen. Ich erkannte, daß das Streben nach großen Zielen ein hohes Maß an Geduld erforderte, und versuchte mich mit der Vorstellung zu trösten, daß die Fähigkeiten, die es zu erlernen galt, mir sowohl beim Abschluß meines Studiums als auch bei meiner beruflichen Karriere dienlich sein würden. Die Grundidee, im Liegen, Sitzen Stehen und beim Gehen Energie zu gewinnen, faszinierte mich wie eh und je.

Kapitel 2: Die vier Energeter

Einige Jahre gingen nun ins Land, in denen der Abschluß des Studiums, die beruflichen Anfänge und die anschließende Familiengründung zwar viele neue Erfahrungen brachten, aber keinen zeitlichen Spielraum ließen, mich mit den Überlegungen meiner Studienzeit zu beschäftigen. Besonders das genußvolle Erleben der Entwicklungsjahre meiner Kinder hielt mich davon ab, meine Prioritäten zugunsten meiner Arbeit zu verschieben.

Ich nahm mir aber die Zeit, wie geplant Techniken der Entspannung und Streßbewältigung in Theorie und Praxis zu erlernen, und das war, wie ich sehr bald spürte, eine wirklich gute Idee – Kinder bieten eine nicht enden wollende Gelegenheit zu trainieren, wieder in eine ausgeglichene Gemütslage zurückzufinden. Im Laufe dieser Lehrjahre gelang es mir immer besser, mehr lockere Gelassenheit in mein Leben zu bringen und mich nicht in der Form unter Streß zu setzen, wie ich es vielfach in meinem Umfeld beobachten konnte. Mehr denn je war ich davon überzeugt, daß Cheng Man-Ch'ings Idee, im Liegen, Sitzen, Stehen und beim Gehen Energie zu gewinnen, konkret umsetzbar war und für die meisten Menschen ein echter Gewinn wäre.

Ich hatte schon einige Jahre in das Studium einer Reihe alter Methoden wie Yoga, Chi Gong und T'ai Chi Ch'uan investiert, aber auch junge Techniken wie Feldenkrais, progressive Muskelentspannung oder funktionelle Entspannung kennengelernt, als ich das Angebot einer renommierten Klinik bekam, dort freiberuflich im Bereich Entspannung und Streßbewältigung zu arbeiten. Ich sagte sofort zu! Ich freute mich riesig über die Gelegenheit, die Entwicklung einer Grundtechnik – mit wenig Aufwand unnötige alltägliche Körperspannung zu verringern – aus der Praxis heraus weiter voranzutreiben.

Schon nach kurzer Zeit stellte ich fest, wie zutreffend die Ergebnisse meiner Forschungsarbeit aus den vorhergehenden Jahren waren. Die meisten Patienten in der Klinik waren jahrelang, oft sogar jahrzehntelang einer ununterbrochenen Folge von Anforderungen ausgesetzt gewesen. Entsprechend war ihr gesamter Organismus einschließlich des Muskelapparates unter Hochspannung, so daß es ihnen kaum mehr möglich war, sich natürlich zu bewegen. Sie litten an Wirbelsäulenbeschwerden, Kopfschmerzen, Erschöpfungssyndromen u. v. a. m. und begannen in diesem Stadium zu erkennen, daß sie nicht so weitermachen konnten wie bisher.

Warum scheuen sich viele Menschen, ein Entspannungstraining zu erlernen?

Paradoxerweise waren aber nur sehr wenige Patienten bereit, ein Entspannungstraining zu erlernen. Ich hatte zwar schon immer gewußt, daß das Bemühen um eine flexible Entspannung keine Massenbewegung war, aber daß selbst bei offensichtlichem Leidensdruck nur so wenige Menschen von der Möglichkeit einer bewußten Verbesserung Ihrer Lebensqualität Gebrauch machten, verwunderte mich doch.

Ich begann mich mit der Frage auseinanderzusetzen, warum so viele Menschen eine Scheu davor hatten, sich konkret mit dem Thema Entspannung zu beschäftigen, und nahm wieder meine Suche nach entsprechenden Forschungsarbeiten auf, wie ich es in den Jahren meines Studiums praktiziert hatte. Im Zeitalter des Internet war es nun auch ohne langwierige Sucharbeit in Universitätsbibliotheken möglich, entsprechende Projektberichte zu bekommen – mit dem einzigen Nachteil, daß man sofort mit einer Flut von Papieren eingedeckt war. Die Menge der wissenschaftlichen Untersuchungen, die sich weltweit in den letzten Jahren mit dem Thema Entspannung und Streßbewältigung auseinandergesetzt hatten, war beinahe unüberschaubar. Offensichtlich war die Problematik einer permanent zu hohen Streßbelastung mehr in das Licht der Öffentlichkeit gerückt, als dies früher der Fall war. Dies konnte mir nur recht sein.

Da unsere Entwicklungsgeschichte häufig ein plausibles Erklärungsmodell für unser Verhalten liefert, begann ich meine Suche nach einschlägigen Informationen wieder in diesem Bereich. Beim Durcharbeiten des entsprechenden Materials fiel mir auf, in welch hohem Grad unsere Reaktionsweise auch heute noch durch die *Programmierung* aus Urzeiten geprägt ist. In Untersuchungen wurde z. B. festgestellt,

- daß man bei der Einschätzung fremder Menschen intuitiv zwischen Freund oder Feind unterscheidet; der erste Eindruck ist also ausschlaggebend, ob man sich freundlich oder feindlich zu verhalten hat;
- daß bei einem Angriff, auch wenn es sich nur um einen verbalen *Schlagabtausch* handelt, in Sekundenschnelle Adrenalin ausgeschüttet wird und der Körper sich automatisch anspannt, um sich wehren zu können;
- die Anspannung so lange aufrechterhalten wird, bis das Gefühl eintritt, daß *die Gefahr vorbei* ist. Man konnte also erst dann entspannen, wenn der *Löwe erlegt war* und man sicher wieder in der Höhle saß.

All diese und noch viele andere Verhaltensweisen sind in archaischen Reaktionsketten festgelegt und noch genauso wirksam wie vor Hunderttausenden von Jahren. Um die Abläufe klarer vor Augen zu haben, holte ich meine früheren Aufzeichnungen wieder hervor und ließ die einzelnen Stadien der Streßreaktion bildlich vor mir ablaufen:

Das Gehirn registriert einen Stressor:

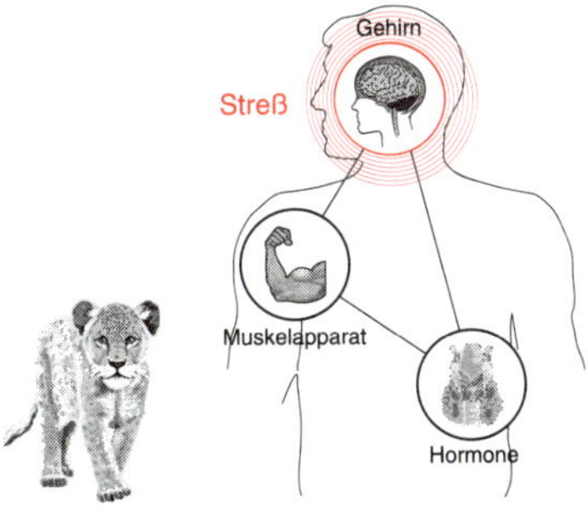

Die Information *Streß* wird an den Organismus weitergegeben:

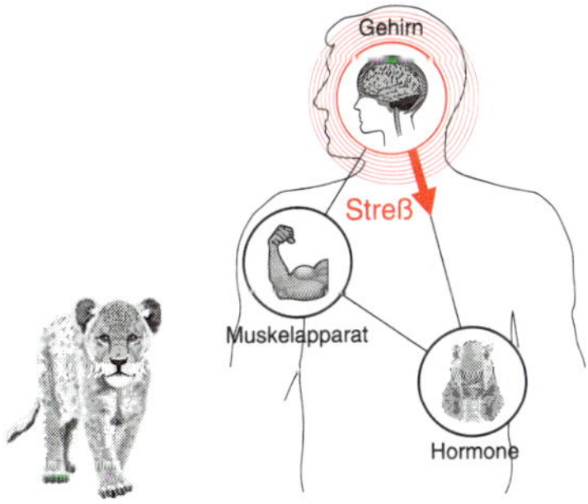

Der gesamte Organismus ist alarmiert, und der Streß wird bekämpft:

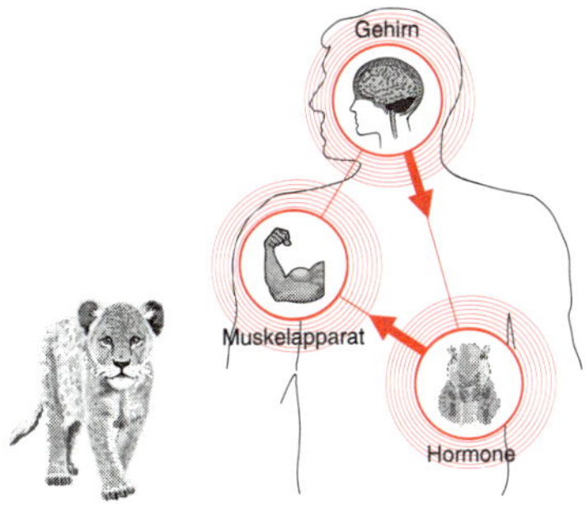

Der Streß ist bewältigt:

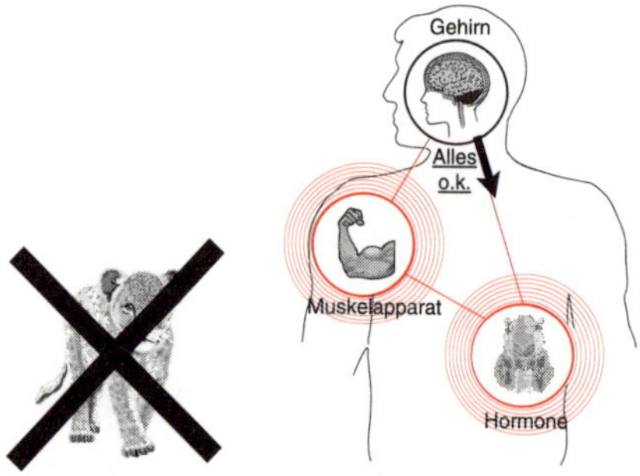

Der Organismus kehrt wieder zum Normalzustand zurück:

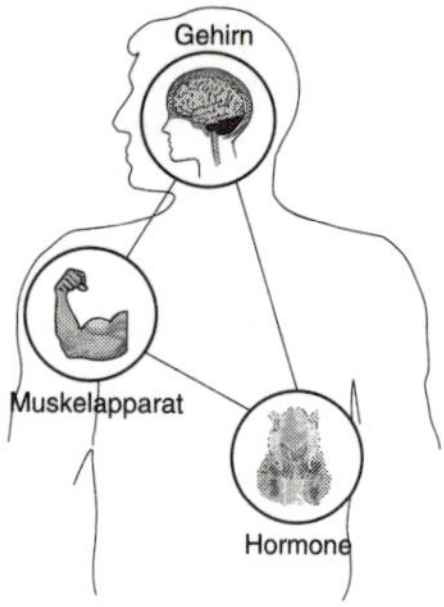

Wir sind somit seit Urzeiten so programmiert, daß wir blitzschnell aktiv sind, wenn wir mit Streß und Anforderungen konfrontiert sind, und erst dann lockerlassen, wenn keine Gefahr mehr droht, also wenn *die Jagd* vorbei ist und wir sicher *in der Höhle* sitzen. Unser Organismus bleibt so lange angespannt, bis wieder das Gefühl vorherrscht, daß die Situation bereinigt ist!

Aha! Da liegt der Hase im Pfeffer! Mir wurde plötzlich einiges klar! Unser Organismus kann nur dann lockerlassen, wenn wir das Gefühl haben, daß *alles o. k.*

ist. Solange aber das Gefühl *Streß* vorherrscht, ist eine Entspannung nicht möglich; auch wenn wir das bewußt wollen, reduziert sich unter Streß eine bestehende Anspannung im Körper nicht. Im Gegenteil, wenn unter Streß ein Lockerlassen eintritt, wehrt sich der Organismus dagegen *nachzugeben*, da dann das Gefühl eintritt, daß die körperlichen Kräfte schwinden und jetzt der *lauernde Löwe* leichtes Spiel hat.

Das war also des Rätsels Lösung, warum das Entspannen im Alltag so schwierig ist. Unser Organismus wehrt sich instinktiv dagegen, unter Belastung seine Anspannung absinken zu lassen. Es herrscht dann offensichtlich das archaische Gefühl vor, daß Entspannen ein Aufgeben signalisiert, das mit dem Existenzverlust einhergehen könnte. Zugegeben, diese Reaktionsweise hat in Urzeiten das Überleben in freier Wildbahn gewährleistet und war für damalige Verhältnisse unabdingbar. Die Fähigkeit, mitten in der Löwenjagd eine Entspannungspause einzulegen, wäre für das Bestehen unserer Spezies nicht besonders dienlich gewesen. Aber in unserem heutigen Umfeld mit dauernd auftretenden Streßsituationen wirkt sich die instinktive Reaktion, am Ball bleiben zu müssen, bis alle Streßsituationen bereinigt sind, eher kontraproduktiv auf unser Überleben aus.

Unter diesem Gesichtspunkt erschienen mir viele Reaktionsweisen, die mir bisher logisch unerklärlich waren, verständlich: der Unternehmer, der nicht mehr aufhören kann zu arbeiten; die Hausfrau, die nur mehr mit der Haushaltsführung beschäftigt ist; der Arbeitnehmer, der seine Gesundheit aufs Spiel setzt für eine

Beförderung – allen diesen Menschen mag zwar verstandesmäßig klar sein, daß sie eigentlich eine Pause bräuchten, sie sind aber nicht in der Lage, ihren Instinkt des *Weitermachen-Müssens* abzuschalten und aus dem vollen Galopp heraus innezuhalten. Sie müssen die Situation bereinigen, ehe sie sich Ruhe gönnen können.

Mir wurde nun auch klar, warum sich viele kranke Menschen scheuten, sich dem Thema Entspannung zu nähern. Eine Krankheitssituation bedeutet Streß und ist daher mit einer hohen Anspannung verbunden. Im Organismus überwiegt dementsprechend das Gefühl, nicht lockerlassen zu können, so daß eine bewußt herbeigeführte Entspannung folgerichtig instinktiv eher als Bedrohung empfunden denn als Erleichterung erlebt wird – kein Wunder, daß nur wenige Menschen es trotzdem wagen, sich mit einer entsprechenden Technik auseinanderzusetzen.

Kann man lernen, das Spannungsniveau im Alltag zu verringern?

Wenn wir also von Natur aus nicht die Fähigkeit haben, unter Belastung unser Spannungsniveau zu verringern, ist dies eventuell erlernbar? Kann man lernen, Einfluß auf das vegetative Geschehen zu bekommen und das Aktivitätsniveau des Organismus bewußt zu reduzieren? Kann unsere Grundprogrammierung *nachgerüstet* und mit der Fähigkeit ausgestattet werden, in vollem Galopp innezuhalten, um bewußt eine Pause einzulegen?

Aus meiner Sicht waren obige Fragen der Kernpunkt meiner jahrelangen Bemühungen. Die Tatsache, daß man mit einer entsprechenden Technik bestimmte Körperfunktionen beeinflussen kann, war ja schon lange erwiesen. Es gibt Berichte und auch wissenschaftliche Forschungen über die phänomenale Körperbeherrschung indischer Yogis, tibetanischer Mönche, japanischer Zen-Meister und anderer in dieser Kunst weit fortgeschrittenen Menschen, die einwandfrei nachgewiesen ist. Aber können auch *normale* Menschen mit einer westlich orientierten Lebensweise lernen, Vorgänge in ihrem Körper zu beeinflussen, und wenn ja, ist die Umsetzung dieser Fähigkeit auch im Alltag möglich?

Es tauchten Fragen über Fragen auf, und es war an der Zeit, eine schlüssige Antwort zu finden. Meine Studien der verschiedenen Techniken waren inzwischen soweit gediehen, daß es mir möglich war, die jeweils wirksamen Grundelemente der einzelnen Methoden zu erkennen. Bei einem Vergleich der Techniken fiel mir auf, daß sehr viele auf einer bewußten muskulären Entspannung basieren, die dann eine Ruhepolung im gesamten Organismus nach sich zieht:

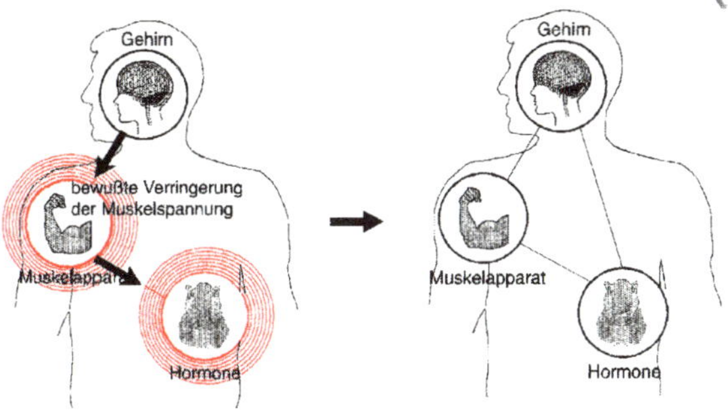

Die Art und Weise, wie die Spannung der Muskulatur verringert wird, ist bei den einzelnen Methoden sehr unterschiedlich. Es gibt den Impuls der langsamen Bewegung, der rhythmischen Bewegung, der verstärkten Anspannung, der bewußten Atmung, der meditativen Versenkung, kurz, es gibt sehr viele Möglichkeiten, die muskuläre Spannung zu beeinflussen, aber keine war wirklich geeignet, in Alltagssituationen unauffällig eingesetzt zu werden. Es war in meinen Augen wenig hilfreich, mitten in einem Gespräch mit dem Chef die Hand zur Faust ballen oder sanft den linken Arm bewegen zu müssen, um die Ruhe in Person zu bleiben.

Ich war entschlossen, nach den langen Jahren der Suche diese letzte Hürde zu meistern, und widmete die nächsten Monate intensiv der Suche nach einer Möglichkeit, alltagsbegleitend die körperliche Spannung zu beeinflussen. Ich arbeitete noch einmal sämtliche Forschungsarbeiten über Entspannungstechniken durch und fand in einer der ersten Untersuchungen den einfachen Impuls des *Sinken-Lassens* (siehe Kapitel 1). Es hatte mich schon damals fasziniert, daß ein so einfaches Element, das *Sinken-Lassen* des linken Armes, eine Veränderung der Gehirnwellenfrequenz auslösen konnte und langfristig die Verringerung der Anspannung im gesamten Organismus nach sich zog. Dies wäre doch genau das gesuchte Grundelement! *Sinken-Lassen* ist in allen Positionen des Alltags unauffällig möglich und kann dennoch eine relevante Wirkung erzielen.

Systematisch begann ich diesen Impuls auszutesten und erarbeitete eine konkrete Anleitung für dessen Um-

Sinken lassen

setzung in den vier Alltagspositionen Liegen, Sitzen, Stehen und Gehen. Ich hatte keine Mühe, meine Patienten dafür zu gewinnen, denn der Impuls des *Sinken-Lassens* war für sie leicht nachvollziehbar, und die meisten waren neugierig, ob man damit wirklich jederzeit seinen Aktivitätsgrad verringern konnte. Hatten sie dann das Grundelement erst einmal im Alltag ausprobiert und die ersten Erfolge erlebt, war das Eis praktisch gebrochen. Die Aussicht, dem Streß nicht mehr hilflos ausgesetzt zu sein, sondern bis zu einem gewissen Grad darauf Einfluß nehmen zu können, war für die meisten Motivation genug, um einige Wochen zu trainieren und damit eine ausreichende Fähigkeit der Spannungsmodulation zu erwerben und dadurch bis zu einem gewissen Grad wählen zu können zwischen Hektik und Gelassenheit.

Ich ließ mir ein Jahr Zeit, ehe ich es wagte, die Wirkung des Grundelementes *Sinken-Lassen* endgültig zu beurteilen. Zu meiner großen Erleichterung waren die Ergebnisse rundum sehr zufriedenstellend. Das *Sinken-Lassen* war von den allermeisten Patienten im Liegen, Sitzen, Stehen und beim Gehen gleichermaßen schnell erlernbar, und ich bekam viele Rückmeldungen, daß sie es auch im Alltag unauffällig einsetzen konnten. Es wurde berichtet, daß man damit sowohl Pausen optimal zur Regeneration nutzen als auch in Streßphasen die Belastung verringern und *Boden unter den Füßen* behalten konnte. Somit war ich endlich am Ziel!

Meine jahrelangen Bemühungen waren von Erfolg gekrönt. Es ist möglich, zu erlernen, das Spannungsniveau im Alltag zu verringern! Man kann lernen, Einfluß auf das vegetative Geschehen zu nehmen und das Aktivitätsniveau des Organismus bewußt abzusenken. Unsere Grundprogrammierung kann *nachgerüstet* und mit der Fähigkeit ausgestattet werden, auch unter Belastung bewußt eine Pause einzuschalten! Man kann nicht nur dann entspannen, wenn man die Zeit und die Ruhe dazu hat, sondern es ist auch möglich, alltagsbegleitend seine Spannung bei Bedarf zu reduzieren und somit jede Menge Energie zu gewinnen. Man ist der Streßreaktion seines Körpers nicht mehr hilflos ausgeliefert, sondern kann darauf Einfluß nehmen und bis zu einem gewissen Grad bewußt bestimmen, wann man hochaktiv sein will und wann nicht.

Der Kreis hatte sich geschlossen, und gemäß der asiatischen Weisheit „Der Weg ist das Ziel" war der Bogen zum Ausgangspunkt geschlagen und Cheng Man-Ch'ings Ausspruch „Energie gewinnt man im Liegen, Sitzen, Stehen und beim Gehen" bestätigt. Die über Jahrhunderte erworbene östliche Weisheit war mit westlichen Methoden wissenschaftlich nachgewiesen und ein Grundelement gefunden, das im Alltag einfach umgesetzt werden konnte.

Kapitel 3: Die Praxis

Wann und wo?

Die vier Energeter können zu jeder Tages- und Nachtzeit eingesetzt werden; weder in bezug auf Örtlichkeiten noch auf Zeitpunkte gibt es irgendwelche Beschränkungen. Ob Sie pflichtgemäß ein Geschäftsessen absolvieren, ungeduldig auf die Abfahrt Ihres Zuges warten, genußvoll im Schatten liegen, die dritte Rotphase an einer Ampel erleben, in einer Besprechung zum wiederholten Male die gleichen Inhalte hören oder den Launen Ihrer pubertierenden Kinder ausgesetzt sind: Jeder Einsatz der vier Energeter bewirkt eine Verringerung des Spannungszustandes im Organismus und spart Energie, die Sie mit Sicherheit effizienter nutzen können, als unnötig Ihre Muskeln spielen zu lassen.

Wie lange und wie oft?

Sie können die vier Energeter, je nach Lust und Laune, entweder in ihrer Kurzform unauffällig in den Alltag einbauen, kleine Pausen von wenigen Minuten für kurze Erholungsphasen nutzen oder in längeren Zeitspannen das Basistraining genußvoll so lange durchführen, bis das Gefühl eintritt, wieder mehr Energie zur Verfügung zu haben. Die mögliche Einsatzdauer reicht also von wenigen Sekunden bis zu einer halben Stunde oder beliebig länger.

Gut bewährt hat sich für den täglichen Gebrauch eine Kombination von öfter eingesetzten Kurzsequenzen und einer längeren Erholungsphase, die je nach Bedarf und Möglichkeit mittags oder abends durchgeführt wird, um eine weitere Arbeitsperiode besser bewältigen oder die folgende Freizeitphase mehr genießen zu können.

Wie diszipliniert muß man sein?

Halten Sie sich die Möglichkeit, durch die vier Energeter Energie zu gewinnen, immer wieder vor Augen, aber betrachten Sie diese bitte nicht als Pflichtprogramm. Wenn Sie keine Lust dazu haben, sich zu entspannen, tun Sie am besten etwas anderes, was Ihnen mehr Spaß macht. Dabei tanken Sie dann sicher besser auf. Denn sich pflichtgemäß entspannen zu *müssen* hat einen ähnlich geringen Erholungswert wie gezwungenermaßen etwas für sich zu tun oder einen Sonnenuntergang genießen „zu müssen". Erinnern Sie sich also immer wieder mit freundlicher Disziplin an die Möglichkeit, durch das Energietraining aufzutanken und wieder fit zu werden. Sie werden sehr bald merken, daß der Einsatz der vier Energeter eine angenehme Erleichterung mit sich bringt und Ihnen mit der Zeit etwas fehlt, wenn Sie diese über einen längeren Zeitraum nicht einsetzen.

Wie ausdauernd soll man sein?

Weniger ist mehr! Wenn Sie das Gefühl haben, nicht mehr weitermachen zu wollen, nehmen Sie dieses Gefühl ernst, und zwingen Sie sich nicht, fortzufahren! Sie berauben sich sonst der Chance, die Energeter als angenehm zu erleben, und leisten dem Entstehen von innerem Unwillen Vorschub. Nur dann, wenn Sie das Gefühl haben, sich so lange entspannen zu können, wie Sie möchten, und nicht eine bestimmte Zeit *absitzen* zu müssen, sind optimale Voraussetzungen für den unbefangenen Einsatz der vier Energeter gegeben.

Nehmen Sie sich also die Freiheit, von Mal zu Mal selbst zu entscheiden, wie lange und wie intensiv Sie die vier Energeter durchführen möchten, und reagieren Sie gelassen, wenn es Ihnen einmal nicht so recht gelingen will, sich zu entspannen. Beim nächsten Mal klappt es dann wieder um so besser!

Wie intensiv wirken die vier Energeter?

Die Intensität der Wirkung der vier Energeter hängt von verschiedenen Variablen ab, unter anderem auch von Ihrer Tagesform. Stellen Sie also keine Bedingungen, wie sich Ihr Training auswirken soll, sondern beobachten Sie am besten den jeweils eintretenden Effekt. Begrüßen Sie jede noch so kleine Verringerung Ihrer Anspannung, und loben Sie sich bei jeder spürbar gelasseneren Haltung – diese Politik der kleinen Schritte macht sich schnell bezahlt! Sie vergrößern Ihre Motivation weiterzumachen und kommen letztendlich schneller zu dem Erfolg, den Sie sich wünschen.

Kann man es sehen, ob ein Körperbereich entspannter wird?

Beim Einsatz der vier Energeter tritt nur eine minimale Veränderung der jeweiligen Position ein; diese Veränderung ist äußerlich kaum wahrnehmbar. Ein ungeübter Beobachter wird also nicht bewußt wahrnehmen, ob Sie gerade ein Grundelement üben oder nicht. Er empfindet es aber zumeist als durchaus angenehm, wenn Sie ihm gegenüber eine lockere und offene Haltung einnehmen.

Wenn Sie zu Hause eine Personenwaage haben, können Sie den Effekt des Grundelementes aber definitiv sehen. Halten Sie Ihren Arm dicht über die Oberfläche der Waage, und lassen Sie nun den Arm auf die Waage sinken, indem Sie die Muskulatur entspannen. Sie halten also den Arm nicht mehr selbst, sondern geben ihn an die Unterlage ab, so daß die Waage das Gewicht Ihres Armes anzeigen kann (ca. zwei bis drei Kilo). Achten Sie aber bitte darauf, daß Sie den Arm nicht auf die Waage drücken; falls diese zehn Kilo und mehr anzeigt, sind Sie mit großer Wahrscheinlichkeit bestrebt, *daß* Sie entspannen, statt zu beobachten, **wie** Sie den Arm sinken lassen, und Sie üben dadurch Druck auf die Unterlage aus.

Wie gut muß man sich dabei konzentrieren können?

Setzen Sie bitte nicht voraus, daß Sie gleich von Anfang an Ihre Gedanken über einen längeren Zeitraum nur auf die Durchführung der vier Energeter lenken können. Die Fähigkeit, seine Aufmerksamkeit ausschließlich auf einen Denkinhalt zu richten, ist trainingsbedürftig (siehe Kapitel 2), so daß zu Beginn Ihrer Bemühungen eine Zeitspanne von 60 bis 90 Sekunden, in der Sie nicht von anderen Gedanken abgelenkt werden, durchaus schon ein Erfolg ist!

Ärgern Sie sich also nicht, wenn sich Ihre Gedanken immer wieder selbständig machen – ein Sack Flöhe ist leichter zu hüten als Gedanken, das ist völlig normal. Sich ärgern läßt den Aktivitätspegel nur nach oben schnellen und torpediert Ihre Bemühungen um eine Verringerung der Anspannung. Wenn Sie merken, daß Sie abschweifen und nicht mehr bei der Sache sind, kehren Sie mit Ihrer Aufmerksamkeit einfach wieder zu dem Grundelement der vier Energeter zurück.

Falls sich die störenden Gedanken aber überhaupt nicht vertreiben lassen und Sie merken, daß Sie mit der

Zeit nur noch nervöser werden, brechen Sie die Entspannung für dieses Mal ab, und versuchen Sie es später noch einmal. Oft ist zu einem anderen Zeitpunkt der Einsatz der Energeter völlig unproblematisch.

Wird man durch die vier Energeter belastbarer und leistungsfähiger?

Die Gretchenfrage, ob man durch den regelmäßigen Einsatz der vier Energeter belastbarer und leistungsfähiger wird, kann man ganz klar mit „Ja“ beantworten. Eine bewußt immer wieder eingesetzte Senkung des Spannungsniveaus verhindert, daß Körperfunktionen wie Atmung, Herzschlag, Muskelspannung etc. im Alltag unnötigerweise auf Hochtouren arbeiten und dadurch Energie verschwendet wird, die man besser anderweitig einsetzen kann.

Verwenden Sie aber die vier Energeter bitte nicht dazu, Ihre Anforderungen an sich selbst noch höherzuschrauben und eine ohnehin schon zu lange Arbeitszeit noch mehr auszudehnen. Durch eine gezielte Entspannung fühlen Sie sich zwar auch nach langen Arbeitsphasen für den Moment wieder arbeitsfähig, doch entleeren Sie auf diese Art langfristig Ihre Batterie unweigerlich bis zur Neige – das Burn-out-Syndrom läßt grüßen. Setzen Sie also die gewonnene Energie nicht hauptsächlich dafür ein, noch mehr arbeiten zu können, sondern zum Beispiel dafür, Ihre Freizeit den eigenen Bedürfnissen gemäß zu gestalten. Sich bewußt Aus-Zeiten einzuräumen und diese nach Kräften zu genießen ist ein wichtiger Beitrag für Ihre Gesundheit und Ihr Wohlbefinden.

Der Einsatz in Krankheitsphasen

Im allgemeinen erhöht jede wie auch immer geartete Krankheit das Spannungsniveau im Organismus beträchtlich. Die Alarmierung, die zum Beispiel durch Schmerzen oder Ängste hinsichtlich der weiteren Entwicklung der Situation entsteht, bewirkt eine dauernde muskuläre Anspannung. Der Organismus kämpft intuitiv gegen die Krankheit (siehe Kapitel 1 und 2), ohne zu erkennen, daß diese nicht mit körperlichen Kräften bewältigt werden kann, sondern daß im Gegenteil durch die entstehende unnötige Muskelspannung nur Energie verschwendet wird, die anderweitig dringend zur Genesung benötigt würde.

Zumindest zu Beginn einer Krankheit ist oft reichlich Zeit vorhanden, die gezielt für eine Verringerung der körperlichen Spannung genutzt werden kann. Die vier Energeter wirken bei jedem Einsatz angenehm und erleichternd, und das Wohlbefinden des Patienten verbessert sich. Dadurch können sich Genesungszeiten verkürzen, und Krankheitsprozesse werden oft leichter überstanden.

Die positiven Auswirkungen der vier Energeter sind daher besonders in Krankheits- bzw. Genesungsphasen hilfreich, wobei ihr Einsatz in jedem Alter und auch mit den geringsten körperlichen Kräften möglich ist.

Kapitel 4: Die Übungen im einzelnen

Das Grundelement

Der Einsatz des Grundelementes ist denkbar einfach:

> Sie richten Ihre Aufmerksamkeit auf einen Körperbereich (wie z. B. Bein und Fuß), lassen diesen bewußt sinken (hängen, baumeln, locker o. ä.) und beobachten, wie durch das *Sinken-Lassen* der Kontakt dieses Körperbereiches zur Unterlage verstärkt spürbar wird.

Die Wirkung des Grundelementes ist ähnlich dem Effekt, der eintritt, wenn Sie beim Autofahren den Fuß vom Gashebel nehmen – der Motor wird langsamer. In unserem Organismus kann man anders als beim Auto keine Bremse betätigen, um den Motor bei Bedarf langsamer laufen zu lassen. Man hat aber die Möglichkeit, durch einen körperlichen Impuls bewußt den Fuß vom Gas zu nehmen und dadurch einen hochtourig laufenden Motor wieder auf eine normale Drehzahl herunterzuschrauben. Das Langsamerwerden dauert deshalb aber auch entsprechend lange. Erwarten Sie also nicht, daß Sie sich in einer Sekunde vom rasenden Roland in einen völlig gelassenen Menschen verwandeln; der Einsatz des Grundelementes zeigt zwar sofort eine Wirkung, aber es bedarf einiger Zeit, um bei fast durchdrehenden Reifen wieder guten Bodenkontakt zu bekommen.

Die beiden Basiskomponenten des Grundelementes sind das bewußte *Sinken-Lassen* und das anschließende Beobachten der dabei eintretenden Effekte. Sie können ein Sich-leichter-Fühlen, ein Sich-wärmer-Fühlen, ein Sich-bewußter-Fühlen bemerken, es kann aber auch ein Sich-schwerer-Fühlen, ein Sich-runder-Fühlen oder ähnliches eintreten. Das jeweilige Gefühl, das sich bei der Durchführung des Grundelementes einstellt, kann von Person zu Person sehr unterschiedlich sein. Je länger Sie nach dem *Sinken-Lassen* die eintretende Wirkung beobachten, desto entspannter werden Sie. Dies beruht auf der Fokussierung (Bündelung) der Gedanken beim Beobachten und der damit verbundenen Veränderung der Frequenz der Gehirnwellen (siehe Kapitel 1). Beachten Sie aber bitte, sich nicht einfach eine Wirkung zu suggerieren, weil Sie z. B. gelesen haben, daß diese eintreten soll! Konzentrieren Sie sich aber auch nicht darauf, *daß* Sie etwas Bestimmtes spüren, sondern beobachten Sie einfach aufmerksam, **wie** Sie entspannen und welches Gefühl sich dabei von selbst einstellt. Auf diese Weise ist der erfolgreiche Einsatz der vier Energeter auf jeden Fall gewährleistet.

Der Einsatz des Grundelementes ist völlig unauffällig. Sie können die vier Energeter somit alltagsbegleitend im Sitzen, Stehen oder beim Gehen in jeder beliebigen

Situation einsetzen. Schon nach einer Sequenz von drei bis fünf Minuten fühlen Sie sich spürbar ruhiger und haben dadurch z. B. die Möglichkeit, kommenden Anforderungen souveräner entgegenzutreten. Falls Sie sich in einer Pause zurückziehen können, ist es ausgesprochen regenerativ, eine Folge von Grundelementen, nachfolgend als Basistraining bezeichnet, zur Erholung zu benutzen. Nach drei bis vier Wochen des Trainings können Sie die einzelnen Grundelemente der vier Energeter, die anschließend in diesem Kapitel ausführlich beschrieben werden, problemlos überall einsetzen.

Langfristig verringern sich durch den regelmäßigen Einsatz der Grundelemente der vier Energeter streßbedingte Beschwerden wie schmerzhafte Muskelverspannungen, Schlafstörungen, zu hoher Blutdruck und andere gesundheitliche Beschwerdebilder (siehe Kapitel 5: Die Wirkung). Es klingt zwar unwahrscheinlich, daß man durch einen so einfachen Impuls eine so weitreichende Beruhigung von Körperfunktionen erzielen kann, und doch ist der Effekt des Grundelementes einwandfrei wissenschaftlich nachgewiesen.

Der erste Energeter: Liegen

Warum?

In unserem normalen Denken und Fühlen ist Liegen quasi ein Synonym für Entspannung. Trotzdem bleibt ohne eine bewußte Lockerung der Wirbelsäule fast immer eine Anspannung der Muskulatur bestehen – besonders dann, wenn man gedanklich nicht zur Ruhe kommt und sich den Kopf über vergangene oder zukünftige Probleme zerbricht.

Mit dem ersten Energeter gelingt es Ihnen, eine noch bestehende Anspannung in der Muskulatur zu verringern bzw. ganz zu lösen. Dadurch wird Ihre Ruhephase intensiver, Sie tanken mehr Energie, und der Erholungswert Ihrer Pause steigt merklich an.

Wie lange?

Mit dem Basistraining im Liegen kann man Zeitspannen von zehn, fünfzehn Minuten an aufwärts zum Abschalten und Erholen nutzen. Der erste Energeter bewirkt eine herrliche Tiefenentspannung, nach der Sie sich um so erfrischter wieder Ihrer Arbeit oder Ihren Freizeitvergnügungen zuwenden können. Selbstverständlich eignet sich das bewußte Entspannen im Liegen auch als Ein- oder Durchschlafhilfe, falls Ihre Nachtruhe nicht eintreten will oder rüde unterbrochen wird.

Wo und wie?

Suchen Sie sich zu Beginn ein ruhiges Plätzchen, wo Sie sich relativ ungestört ausstrecken können; mit etwas Übung klappt die Entspannung später auch mitten im Trubel. Probieren Sie aus, ob Sie besser auf dem Bett oder einer Couch entspannen können oder ob es Ihnen paradoxerweise lieber ist, auf einer relativ harten Unterlage (Matte oder Teppich) zur Ruhe zu kommen. Der Vorteil der letzteren Variante ist oft ein besseres Spüren der Unterlage und damit ein besseres Spüren der eintretenden Verringerung der Muskelspannung.

Legen Sie sich auf den Rücken, die Arme lassen Sie ausgestreckt locker neben dem Körper liegen. Falls Sie diese Position als unangenehm empfinden, wählen Sie jede beliebige andere Lage, die für Sie bequem ist. Stellen Sie die Beine auf, falls diese ausgestreckt ein Hohlkreuz verursachen, oder noch besser, legen Sie die Beine hoch auf einen Stuhl o. ä., denn diese Stufenlage entlastet die Wirbelsäule am besten. Nehmen Sie sich bei Bedarf ein Kissen und/oder eine Decke, um es sich ganz gemütlich zu machen. Ihre Augen können Sie nach Gutdünken schließen oder offen lassen.

Basistraining

Nachfolgend ist eine Reihe von praxiserprobten Grundelementen angeführt, die eine umfassende Entspannung im Liegen bewirken. Die aufgeführte Reihenfolge hat sich in der Praxis bewährt. Sie ist aber keine Voraussetzung für die Wirkung des Basistrainings und kann nach Belieben verändert werden. Sie probieren am besten aus, mit welcher Abfolge der Grundelemente Sie die beste Wirkung erzielen, und setzen diese dann nach Ihrem Gutdünken ein. Lassen Sie aber bitte nicht gleich zu Beginn den gesamten Körper sinken, ohne vorher einzelne Bereiche angesprochen zu haben, denn dies vermindert zumeist den Erfolg einer umfassenden Entspannung erheblich. Als Faustregel für den Einsatz eines Grundelementes gilt: Je kleiner die Fläche ist, auf die Sie Ihre Aufmerksamkeit richten, desto größer ist der Effekt.

Falls Sie über die angegebenen Körperbereiche hinaus noch weitere Muskelpartien entspannen möchten, können Sie dies natürlich tun – jeder Muskel kann durch ein gezieltes *Sinken-Lassen* entspannt werden. Auch ein punktueller Einsatz von weniger als den angeführten Grundelementen kann nach einiger Übung einen umfassenden Effekt erzielen.

ACHTUNG: Bitte **bemühen Sie sich** bei der Durchführung des Grundelementes nicht, *daß* Sie entspannen! Jedes Bemühen bewirkt eine Verkrampfung, die die Anspannung der Muskulatur wieder nach oben treibt!

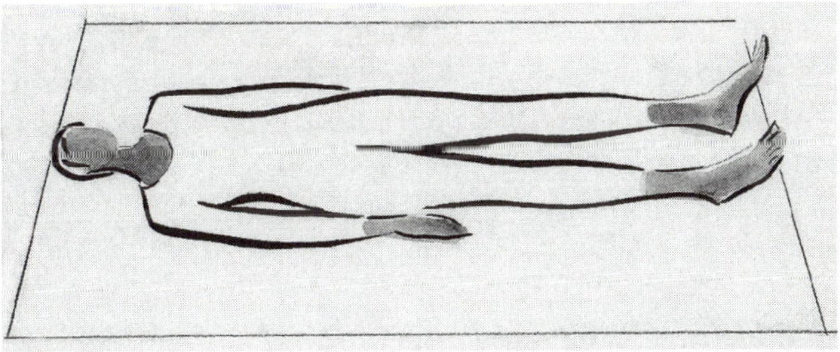

Beginn

Legen Sie sich auf den Rücken oder in eine andere Ihnen bequeme Position, die Arme lassen Sie, weiträumig ausgestreckt, locker neben dem Körper liegen. Die Beine ausstrecken oder, wenn sich dies bequemer anfühlt, aufstellen oder, noch besser, hochlegen.

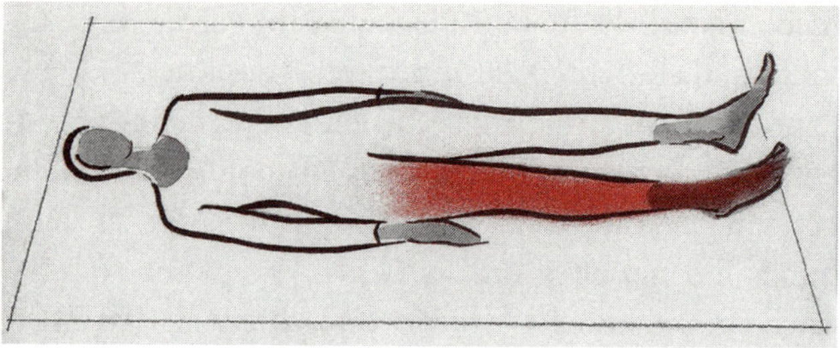

Grundelement Bein und Fuß/rechts

Spüren Sie die Auflagepunkte des rechten Beines und Fußes. Lassen Sie Bein und Fuß sinken, und beobachten Sie, wie durch das Sinken-Lassen der Kontakt zur Unterlage verstärkt spürbar wird.

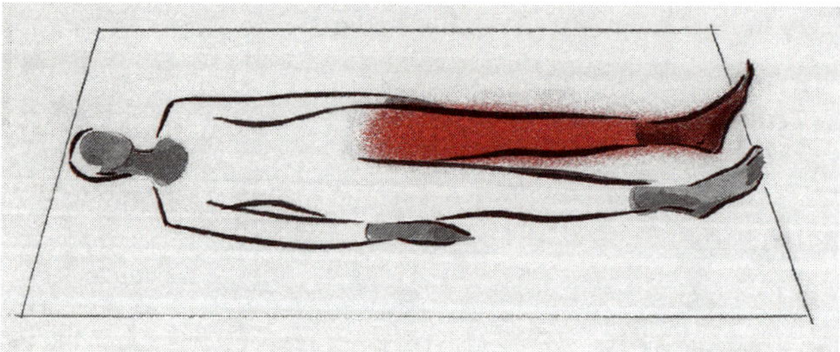

Grundelement Bein und Fuß/links

Spüren Sie die Auflagepunkte des linken Beines und Fußes. Lassen Sie Bein und Fuß sinken, und beobachten Sie, wie durch das Sinken-Lassen der Kontakt zur Unterlage verstärkt spürbar wird.

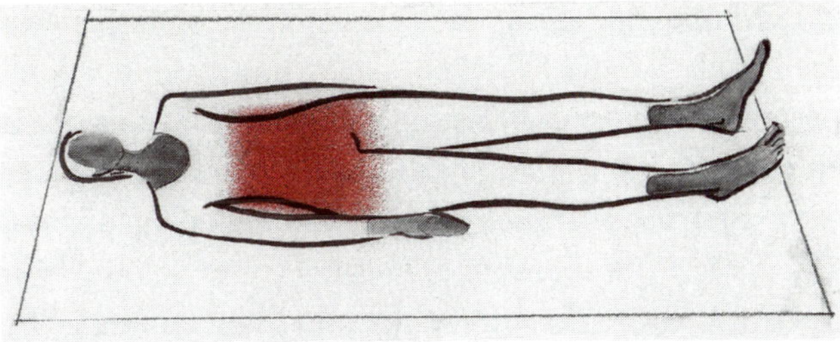

• ***Zentrales Grundelement***

Spüren Sie die Auflagepunkte des Beckens. Lassen Sie sich im unteren Bauchraum im Bereich der Lendenwirbelsäule sinken, wodurch sich der Spannungsbogen im Körper löst und die Wirbelsäule auf die Unterlage absinken kann. Beobachten Sie, wie durch das Sinken-Lassen der Kontakt der gesamten Wirbelsäule zur Unterlage verstärkt spürbar wird.

Die Wirkung des zentralen Grundelementes wird sehr häufig zu Beginn des Energietrainings unterschätzt. Bei einem präzisen Einsatz diese Elementes wird durch das Lösen des zentralen Spannungsbogens die gesamte körperliche Anspannung verringert. Das *Sinken-Lassen* in der Körpermitte ist somit der *Head-Trick*, der in Sekundenschnelle eine umfassende Verringerung der Anspannung im gesamten Körper erlaubt. Nach entsprechendem Training ist es möglich, allein durch den Einsatz des zentralen Grundelementes die körperliche und indirekt auch die mentale Anspannung zu modulieren.

Diese Behauptung erscheint auf den ersten Blick fast zu kühn, um glaubwürdig zu sein. Wenn man sich aber in der Praxis näher mit der Thematik beschäftigt, merkt man bald, daß die Fähigkeit, die Spannung in der Körpermitte auch unter Belastung zu lösen, nicht so einfach zu erlangen ist. Die Wahrnehmung für die Position der Ruhe ist erst nach einer längeren Übungszeit genügend ausgeprägt, um diese im Alltag und eventuell auch in Streßsituationen bewußt einnehmen zu können. Die weitreichende Wirkung, die sich mit diesem Element erzielen läßt, stellt sich in den allermeisten Fällen erst nach einer längeren Zeit des Trainings ein. Gelassenheit in allen Lebenslagen zu erwerben bedarf somit heute genauso wie schon vor Hunderten von Jahren einer längeren Übungsdisziplin (siehe Kapitel 6: Die Perspektiven).

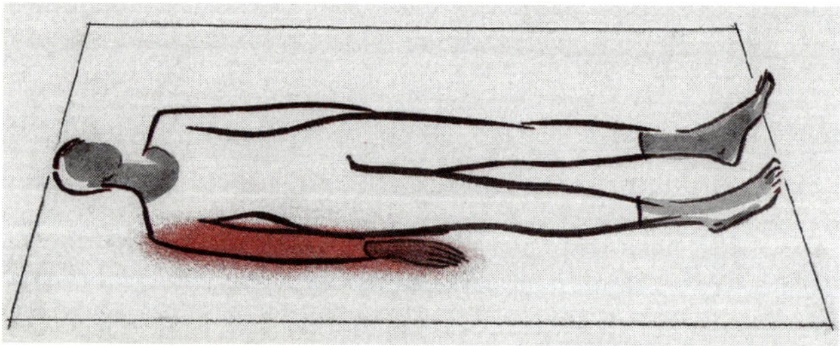

Grundelement Arm und Hand/rechts
Spüren Sie die Auflagepunkte des rechten Armes und der rechten Hand. Lassen Sie Hand und Arm sinken, und beobachten Sie, wie durch das Sinken-Lassen der Kontakt zur Unterlage verstärkt spürbar wird.

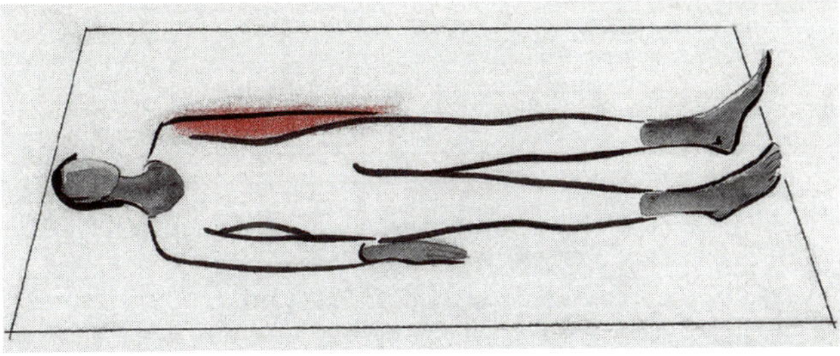

Grundelement Arm und Hand/links

Spüren Sie die Auflagepunkte des linken Armes und der linken Hand. Lassen Sie Hand und Arm sinken, und beobachten Sie, wie durch das Sinken-Lassen der Kontakt zur Unterlage verstärkt spürbar wird.

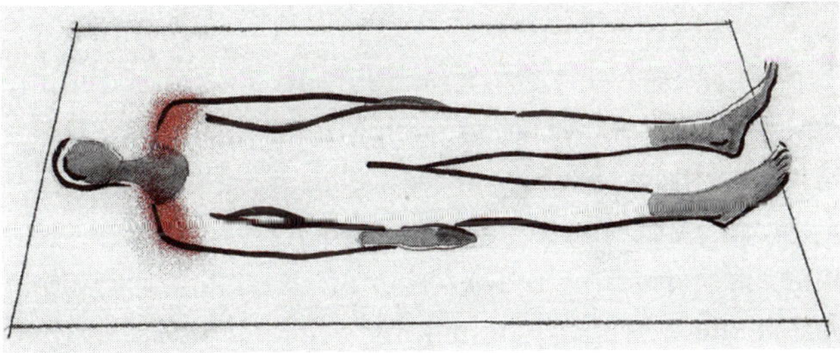

Grundelement Schulterbereich

Spüren Sie die Auflagepunkte der Schultern. Lassen Sie diese sinken, und beobachten Sie, wie durch das Sinken-Lassen der Kontakt zur Unterlage verstärkt spürbar wird.

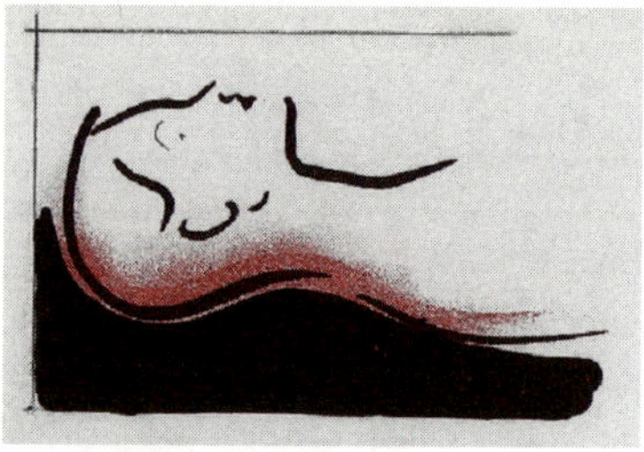

Grundelement Kopf und Gesicht
Spüren Sie die Auflagepunkte des Kopfes. Lassen Sie diesen sinken, und beobachten Sie, wie durch das Sinken-Lassen der Kontakt zur Unterlage verstärkt spürbar wird. Lassen Sie dabei auch die Gesichtsmuskulatur einschließlich des Kieferbereiches locker.

TIP: Ein besonders effizienter Impuls zur Entspannung des Kieferbereiches ist es, sich vorzustellen, man hätte Schlappohren (probieren Sie es am besten gleich aus)! Sie können beobachten, wie Ihr Kiefer nach unten sinkt und die Spannung im Kieferbereich nachläßt, also allein durch die bewußte Vorstellung *Schlappohren* die Muskelspannung in der unteren Gesichtshälfte deutlich verringert wird.

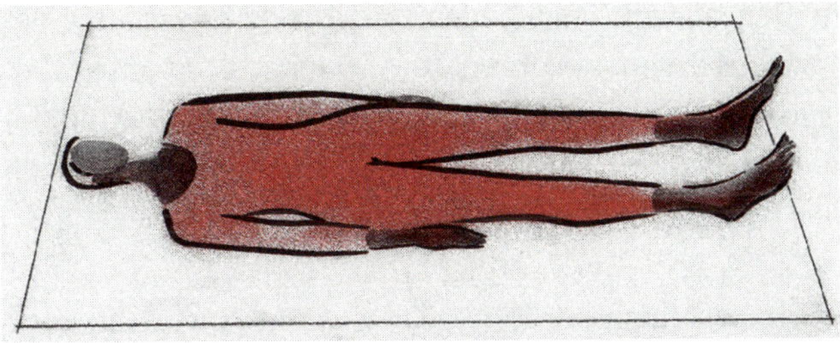

Abschluß

Zum Schluß spüren Sie die Auflagepunkte des ganzen Körpers und lassen diesen auf die Unterlage sinken; beobachten Sie, wie durch das Sinken-Lassen der Kontakt zur Unterlage im ganzen Körperbereich verstärkt spürbar wird.

Genießen Sie die Ruhephase, und bleiben Sie so lange entspannt liegen, wie Sie dies als angenehm empfinden.

Unterstützende Übungen

Die Schwierigkeit zu Beginn des Trainings ist häufig, daß man den Grad der Anspannung der Muskulatur nicht oder nur schlecht einschätzen kann. Ein minimales Gefühl für die einsetzende Entspannung in den einzelnen Körperbereichen ist aber für den Einsatz des Grundelementes notwendig. Im allgemeinen ist eine Grundfähigkeit vorhanden, bewußt eine gewisse Verringerung der Muskelspannung zu spüren, und diese reicht in den allermeisten Fällen aus, um die Wirkung des Grundelementes spüren zu können. Falls Sie aber während oder nach der Durchführung eines Grundelementes absolut keine Wirkung spüren, empfiehlt sich der vorhergehende Einsatz eines Kontrastelementes:

Kontrastelement
Spannen Sie einen Körperbereich (z. B. den Arm durch das Ballen der Hand zur Faust) gezielt an, und lassen Sie diese Spannung bis zu einem Maximum ansteigen.

Setzen Sie anschließend das entsprechende **Grundelement** ein.

Durch das Vorschalten eines Kontrastelementes können Sie die Verringerung Ihrer Muskelspannung deutlicher spüren. Sie legen bei entsprechender Übung eine *Leitung* zu den einzelnen Körperbereichen und sind dann mit der Zeit in der Lage, eine eintretende Veränderung des Spannungszustandes auch ohne vorherige Anspannung zu spüren (und das geht ziemlich schnell). Das Kontrastelement ist also nur ein Hilfsmittel, um ein Gefühl für Spannung und Entspannung zu bekommen. Es sollte keinesfalls der Effekt eintreten, daß der Einsatz des Kontrastelementes eine Voraussetzung für die eintretende Wirkung der vier Energeter wird. Probieren Sie also immer wieder einmal aus, ob Sie schon allein durch ein Grundelement eine Entspannung spüren und damit auf das Vorschalten des Kontrastelementes verzichten können. Sie sind dann bildlich gesprochen in der Lage, den Fuß vom Gashebel zu nehmen, ohne vorher noch einmal kräftig darauf getreten zu haben.

Kontrastelemente

Nachfolgend ist eine kleine Auswahl von Kontrastelementen angeführt, die Sie im Liegen, Sitzen oder Stehen durchführen können. Falls Sie Anregungen für weitere Kontrastelemente suchen, bietet jede Anleitung zur progressiven Muskelentspannung eine breite Palette von Übungsmöglichkeiten.

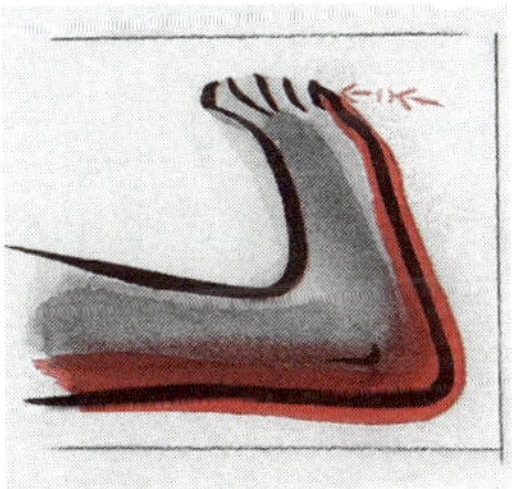

Kontrastelement Bein und Fuß

Drücken Sie die Ferse des linken (rechten) Beines nach unten, so daß der gesamte Bein- und Fußbereich angespannt wird.

Setzen Sie anschließend das ***Grundelement Bein und Fuß*** *ein.*

Kontrastelement Arm und Hand

Ballen Sie die linke (rechte) Hand kräftig zur Faust, so daß der gesamte Armbereich angespannt wird.

Setzen Sie anschließend das ***Grundelement Arm und Hand*** *ein.*

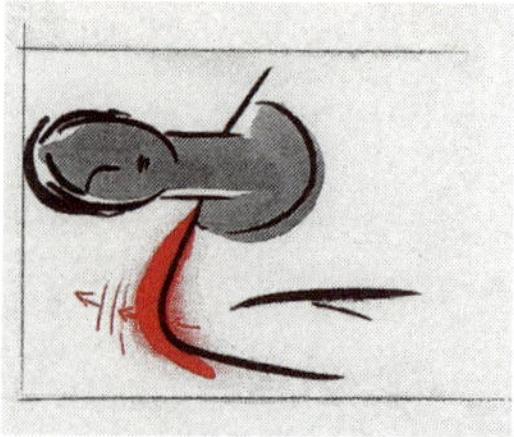

Kontrastelement Schulterbereich
Ziehen Sie Ihre linke (rechte) Schulter zu den Ohren, wobei die Muskelspannung im Schulter- und Rückenbereich ansteigt. Setzen Sie anschließend das **Grundelement Schulterbereich** *ein.*

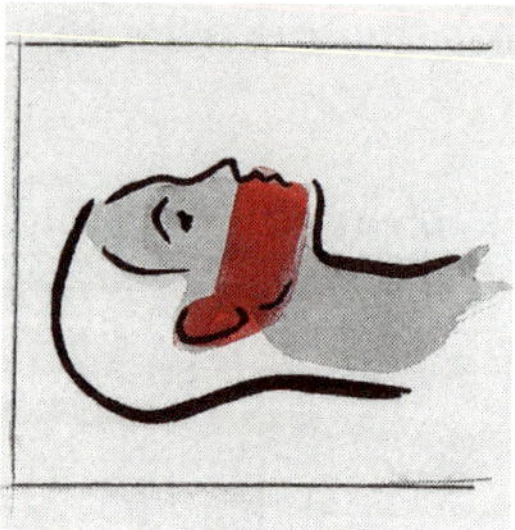

Kontrastelement Kiefer
Beißen Sie die Zähne zusammen, und beobachten Sie, wie im Kieferbereich eine Spannung spürbar wird.
Setzen Sie anschließend das **Grundelement Kopf und Gesicht** *ein.*

Mobilisierung der Wirbelsäule

Falls sich Ihre Wirbelsäule so unbeweglich wie ein Stock anfühlt, ist folgende Übung hilfreich, um deren Beweglichkeit zu verbessern und dadurch flexibler zu werden:

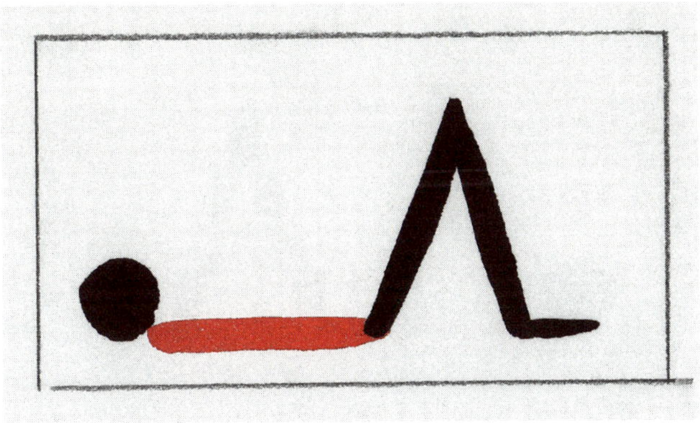

Legen Sie sich in Rückenlage auf eine Matte, und stellen Sie die Beine auf; die Füße sind etwa zwei Fußlängen voneinander entfernt.

Bewegen Sie das Becken leicht in Richtung Hohlkreuz (nur solange keine Schmerzen auftreten!).

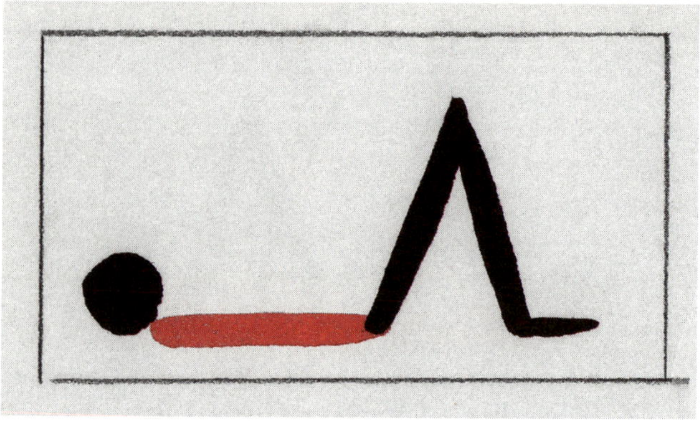

Lassen Sie nun die Wirbelsäule wieder auf den Boden sinken.

Drücken Sie anschließend Ihre Taille leicht auf die Unterlage (nur solange keine Schmerzen auftreten!); dadurch hebt sich das Steißbein etwas vom Boden ab.

Heben Sie dann sanft zuerst das Becken und dann den Rücken bis zur Halswirbelsäule Wirbel für Wirbel sanft vom Boden ab; Arme und Schultern bleiben dabei locker.

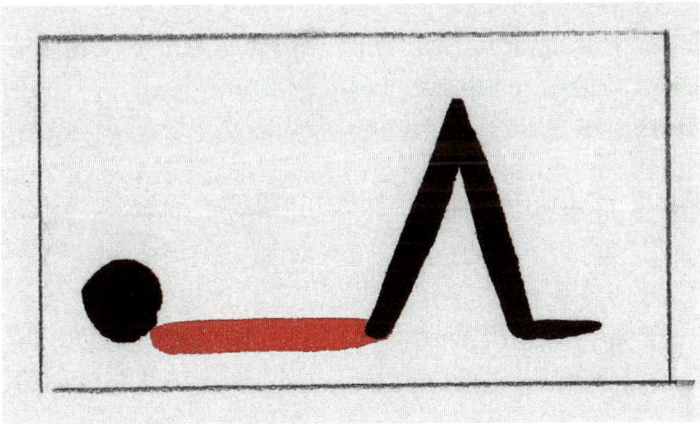

Lassen Sie anschließend die Wirbelsäule, langsam und sanft vom Nacken ausgehend, Wirbel für Wirbel wieder sinken, bis sie locker auf dem Boden aufliegt.

Wiederholen Sie die Durchführung obiger Sequenzen, solange Sie dies als angenehm empfinden.

ACHTUNG: Achten Sie immer darauf, daß der Bewegungsablauf für Sie angenehm ist! **Führen Sie eine Bewegung auf keinen Fall weiter, wenn Schmerzen auftreten! Dies wäre für die Wirbelsäule schädlich und auch für die Lockerung der Muskulatur völlig kontraproduktiv!**

Der zweite Energeter: Sitzen

Warum?

Auch das Sitzen ist – ähnlich wie das Liegen – oft unbewußt mit einem hohen Spannungsniveau verbunden. Sie können jemandem *gespannt* zuhören, auf dem *Sprung* sein, *gebannt* einen Thriller verfolgen, *schnell* noch einen Kaffee trinken – und sind bei diesen und vielen anderen Sitzhaltungen automatisch unter hoher körperlicher Anspannung.

Bewußt zu erleben, wie angenehm ein lockeres, aber doch aufrechtes Sitzen sein kann, und wahrzunehmen, wie dies Ihrer Aufmerksamkeit in keinster Weise Abbruch tut, ist nur ein positiver Aspekt unter vielen. Da man im Alltag zumeist reichlich Gelegenheit hat, im Sitzen unnötigen Energieverbrauch zu vermeiden, macht sich der regelmäßige Einsatz des zweiten Energeters in mehr als einer Hinsicht bezahlt.

Wo und wie lange?

Der zweite Energeter kann praktisch überall unauffällig durchgeführt werden. Es gibt jedoch Stuhlarten, die einer geraden, aber lockeren Haltung entgegenkommen, ebenso wie es „Folterstühle“ gibt, die ein bequemes Sitzen praktisch unmöglich machen. Um es sich zu Beginn des Übens leichter zu machen, empfiehlt es sich, für die ersten Versuche zu Hause einen bequemen Sessel mit Armlehnen und einer relativ geraden Rückenlehne zu wählen, da eine als bequem empfundene Sitzgelegenheit erfahrungsgemäß das *Sinken-Lassen* wesentlich erleichtert.

Die Zeitspanne, die Sie zum Einsatz des zweiten Energeters nutzen können, ist sehr variabel. Sie können das Grundelement als Kurzform nur einige Sekunden zwischendurch einsetzen oder aber den Aufenthalt in einem Wartezimmer, eine Kaffeepause, eine endlose Diskussion o. ä. dazu benutzen, um Teile des Basistrainings oder den gesamten Ablauf durchzuführen. Wenn Sie noch mehr Zeit haben, läßt sich die Erholungsphase natürlich beliebig lange ausdehnen. Der zweite Energeter läßt sich somit sowohl zur optimalen Nutzung von Pausen einsetzen als auch unauffällig alltagsbegleitend in der Kurzform (manchmal genügen schon wenige Sekunden) während einer gerade ausgeübten Tätigkeit.

Basistraining

Nachfolgend ist eine Reihe von praxiserprobten Grundelementen angeführt, die eine umfassende Entspannung im Sitzen bewirken. Die aufgeführte Reihenfolge hat sich in der Praxis bewährt. Sie ist aber keine Voraussetzung für die Wirkung des Basistrainings und kann nach Belieben verändert werden. Sie probieren am besten aus, mit welcher Abfolge der Grundelemente Sie die beste Wirkung erzielen, und setzen diese dann nach Ihrem Gutdünken ein. Lassen Sie aber bitte nicht gleich zu Beginn den gesamten Körper sinken; dies vermindert zumeist den Erfolg einer umfassenden Entspannung erheblich. Als Faustregel für den Einsatz eines Grundelementes gilt: Je kleiner die Fläche ist, auf die Sie Ihre Aufmerksamkeit richten, desto größer ist der Effekt.

Falls Sie über die angegebenen Körperbereiche hinaus noch weitere Muskelpartien entspannen möchten, können Sie dies natürlich tun – jeder Muskel kann durch ein gezieltes *Sinken-Lassen* entspannt werden. Auch ein punktueller Einsatz von weniger als den angeführten Grundelementen kann nach einiger Übung einen umfassenden Effekt erzielen.

ACHTUNG: Bitte **beobachten Sie, wie** sich die einzelnen Muskelbereiche bei der Durchführung des Grundelementes lockern, und bemühen Sie sich nicht, *daß* Sie entspannen! Jedes Bemühen bewirkt eine Verkrampfung, die die Anspannung der Muskulatur wieder nach oben treibt!

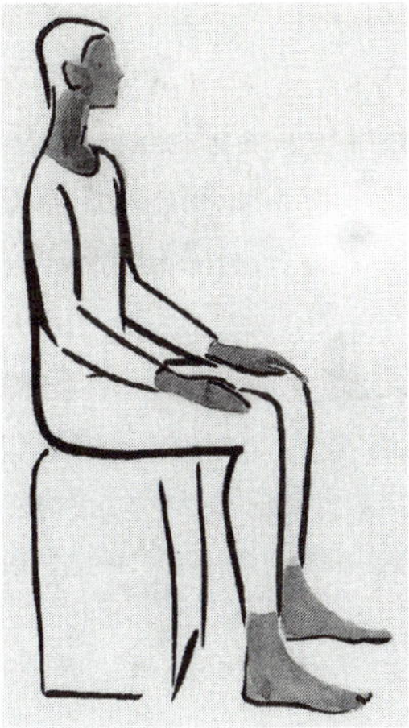

Beginn
Beobachten Sie, wie Sie gerade sitzen, und überprüfen Sie, ob Sie dies als bequem empfinden. Falls Sie eine Anspannung spüren, machen Sie es sich bewußt bequem – dadurch nehmen Sie schon automatisch eine entspanntere Haltung ein.

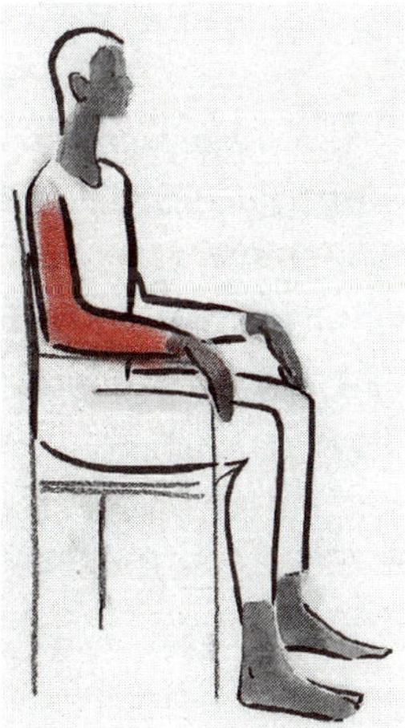

Grundelement Arm und Hand/rechts
Spüren Sie (falls vorhanden) die Auflagepunkte des rechten Armes und der rechten Hand. Lassen Sie Hand und Arm sinken, und beobachten Sie, wie durch das Sinken-Lassen der Kontakt zur Unterlage bzw. das Gewicht Ihres Armes verstärkt spürbar wird.

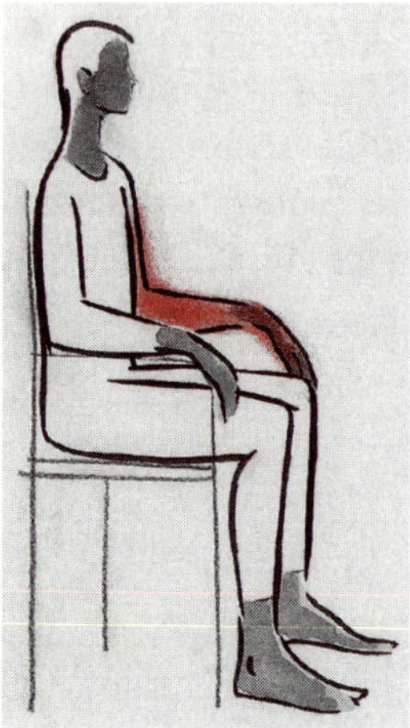

Grundelement Arm und Hand/links

Spüren Sie (falls vorhanden) die Auflagepunkte des linken Armes und der linken Hand. Lassen Sie Hand und Arm sinken, und beobachten Sie, wie durch das Sinken-Lassen der Kontakt zur Unterlage bzw. das Gewicht Ihres Armes verstärkt spürbar wird.

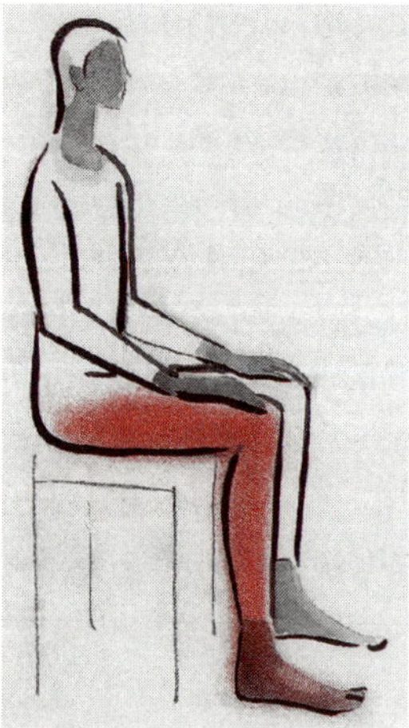

Grundelement Bein und Fuß/rechts

Spüren Sie die Auflagepunkte des rechten Beines und Fußes. Lassen Sie Bein und Fuß sinken, und beobachten Sie, wie durch das Sinken-Lassen der Kontakt zur Unterlage verstärkt spürbar wird.

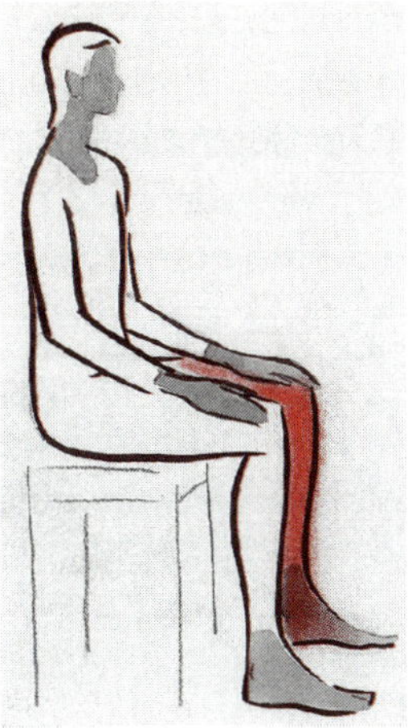

Grundelement Bein und Fuß/links

Spüren Sie die Auflagepunkte des linken Beines und Fußes. Lassen Sie Bein und Fuß sinken, und beobachten Sie, wie durch das Sinken-Lassen der Kontakt zur Unterlage verstärkt spürbar wird.

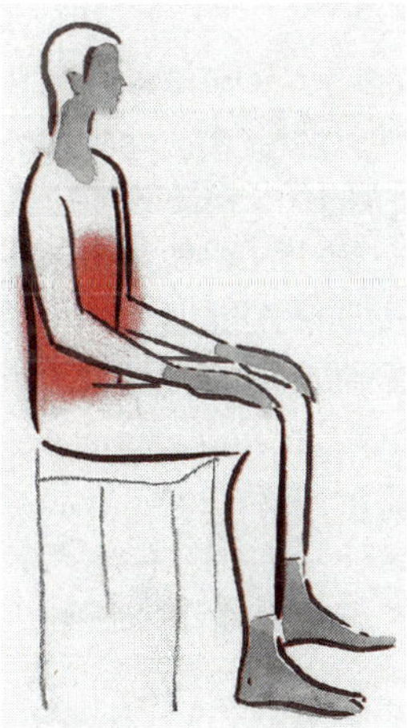

• Zentrales Grundelement

Spüren Sie die Auflagepunkte Ihrer Sitzfläche. Lassen Sie sich im unteren Bauchraum im Bereich der Lendenwirbelsäule nach unten sinken; dadurch löst sich der Spannungsbogen im Körper. Beobachten Sie, wie durch das Sinken-Lassen der Kontakt der Sitzfläche zur Unterlage verstärkt spürbar wird.

ACHTUNG: Bei dem zentralen Grundelement im Sitzen entsteht oft der Eindruck, als würde die Wirbelsäule krumm werden – dem ist nicht so! Im Gegenteil, da das *Sinken-Lassen* nach unten stattfindet, verändert sich die Position Ihrer Wirbelsäule dabei äußerlich nur unmerklich und ist somit keinesfalls mit einem Rundrücken verbunden!

TIP: Stellen Sie sich vor, Ihre Wirbelsäule wäre eine Reihe von abgeflachten Holzperlen mit dazwischenliegenden Filzblättchen, die auf einem biegsamen Stab aufgereiht sind. Die Holzperlen ruhen sanft aufeinander, wobei der Stab in einer leichten S-Form gerade und aufrecht bleibt.

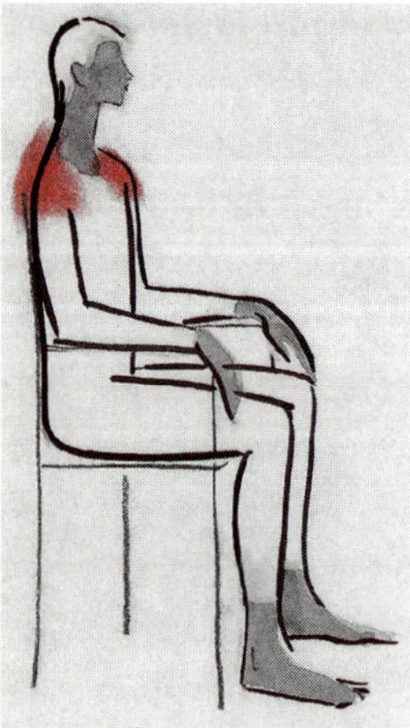

Grundelement Schulterbereich
Richten Sie Ihre Aufmerksamkeit auf den Schulterbereich. Lassen Sie die Schultern sinken, und beobachten Sie, wie durch das Sinken-Lassen das Gewicht Ihrer Schultern und Arme verstärkt spürbar wird.

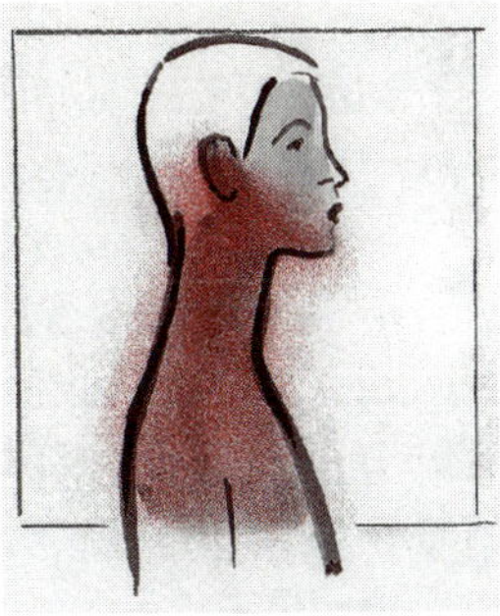

Grundelement Kopf und Gesicht

Lassen Sie den Kopf in den Nacken sinken, ohne die Blickrichtung zu verändern, und beobachten Sie, wie durch das Sinken-Lassen das Gewicht des Kopfes verstärkt spürbar wird. Lassen Sie dabei auch die Gesichtsmuskulatur einschließlich des Kieferbereiches locker (Schlappohren!).

TIP: Das Grundelement Kopf und Gesicht klingt zugegebenermaßen etwas eigenartig und ist die einzige Sequenz, die Sie zu Beginn am besten im stillen Kämmerlein ausprobieren sollten. Lassen Sie Ihren Kopf sanft einen kleinen Kreis beschreiben, so als ob Sie auf Ihrem Hals eine Kugel kreisen lassen. Wenn Sie erst einmal erlebt haben, daß Ihr Kopf auch ein Gewicht hat, ist das *Sinken-Lassen* kein Problem mehr. Hilfreich ist auch, beim Grundelement im Sitzen die Vorstellung von *Schlappohren* einzusetzen. Üben Sie dies auch einmal vor einem Spiegel. Sie werden sehen, daß das Lockern der Kiefermuskulatur äußerlich kaum wahrnehmbar ist.

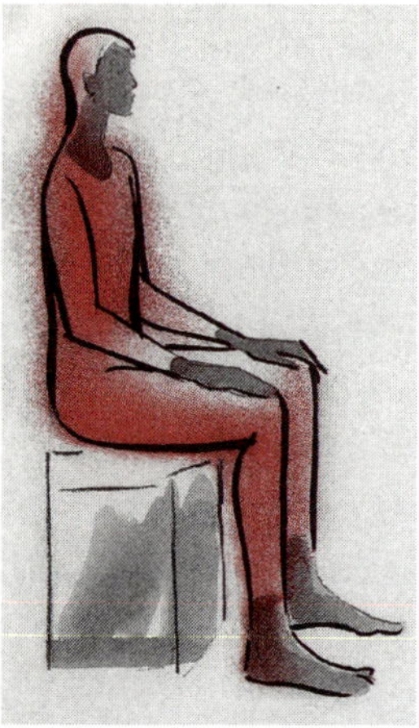

Abschluß
Spüren Sie zum Abschluß die Auflagepunkte des ganzen Körpers, und lassen Sie den ganzen Körper sinken. Beobachten Sie, wie durch das Sinken-Lassen das Gewicht Ihres ganzen Körpers deutlicher auf der Unterlage spürbar wird.

Genießen Sie das entspannte Sitzen, solange Sie dies als angenehm empfinden.

Kurzform

Wenn Sie mit der Zeit eine gute Wahrnehmung für die einzelnen Körperbereiche entwickelt haben, können Sie das Grundelement auch in einer Kurzform einsetzen. Nach entsprechender Übung werden Sie mit der Formel:

spüren und *sinken lassen*
(also z. B. rechtes Bein spüren und *sinken lassen*)

ebenso effizient den Fuß vom Gaspedal nehmen wie mit der ausführlicheren Version. Die Kurzform ist besonders günstig für den alltagsbegleitenden Einsatz, denn praktisch in jeder Situation besteht die Möglichkeit, einige Sekunden für eine kurze Sequenz des *Sinken-Lassens* zu erübrigen; selbst bei Verhandlungen und Diskussionen ist es möglich, die Kurzform des zweiten Energeters einzubauen; der gelassene Eindruck, den Sie selbst in schwierigen Gesprächsphasen machen, verfehlt selten seine Wirkung.

Probieren Sie am besten aus, wie lange Sie mit der längeren Version bessere Resultate erzielen, und gehen Sie erst dann zu der Kurzform über, wenn Sie das Gefühl haben, eine sichere *Leitung* zu Ihren Körperbereichen gelegt zu haben. Mit einer längeren Formulierung, die Sie gut umsetzen können, erreichen Sie zu Beginn ein zufriedenstellenderes Ergebnis als mit einer zu schnell eingesetzten Kurzsequenz.

Unterstützende Übungen

Falls Sie zu Beginn Ihrer Übungszeit das Gefühl haben, Ihre Gedanken nicht sammeln und auf das *Sinken-Lassen* richten zu können, kann es hilfreich sein, den entsprechenden Körperbereich sanft und langsam wie in Zeitlupe zu heben und zu senken, um anschließend das Grundelement um so besser einsetzen zu können.

Zeitlupenelement
Heben Sie einen Körperbereich, z. B. den Arm, sanft an, und bewegen Sie diesen wie in Zeitlupe (pro Sekunde höchstens 1 cm) in einer gleichmäßigen Bewegung nach oben und senken ihn ebenso langsam wieder ab.

Das sehr langsame Bewegen eines Körperbereiches bedarf einer extrem hohen Aufmerksamkeit (probieren Sie es am besten gleich aus, wenn Sie es nicht glauben). Dieses bewußte Richten der Gedanken auf einen Wahrnehmungsinhalt, das *Fokussieren*, verändert die Frequenz der Gehirnwellen; die Beta-Wellen gehen in die gleichmäßigeren Alpha-Wellen über, und dies ist mit einer Verringerung der Anspannung im Körper verbunden (siehe Kapitel 1 und 2). Alle meditativen Methoden basieren auf einem bewußten Fokussieren der Gedanken, wobei das Ziel der Aufmerksamkeit für den eintretenden Effekt nicht ausschlaggebend ist; es kann eine Kerzenflamme, ein Sonnenuntergang, ein Mantra (Gebetswort der Meditation) oder ebenso das langsame Bewegen Ihres Armes sein. Es ist also dementsprechend auch nicht relevant, in welcher Richtung oder wie hoch Sie z. B. den Arm oder die Hand heben, wichtig ist nur eine sanfte, gleichmäßige, möglichst langsame Bewegung nach oben und ein sanftes *Sinken-Lassen* nach unten.

Zu Beginn Ihres Einsatzes eines Zeitlupenelementes werden Sie häufig merken, daß der Bewegungsablauf eher *eckig* wirkt. Besonders der Anfang der Bewegung geschieht häufig mit einem kleinen Ruck. Dies ist völlig normal, da es zu Beginn fast unmöglich ist, Muskelbereiche sofort langsam und gleichmäßig zu bewegen (siehe Kapitel 6: Perspektiven). Je öfter Sie diese Übung aber einsetzen, desto sanfter können Sie eine Bewegung beginnen lassen und desto gleichmäßiger und ruhiger wird Ihre weitere Bewegung ausfallen.

Nachfolgend ist eine kleine Auswahl von Zeitlupenelementen angeführt, die Sie im Liegen, Sitzen oder Stehen durchführen können. Falls Sie ausprobieren möchten, wie weitere Körperbereiche langsam bewegt werden können, sind Ihrer Phantasie keine Grenzen gesetzt. Sie können damit nie irgendwelchen Schaden anrichten, sondern, im Gegenteil, Ihre Flexibilität kann davon nur profitieren.

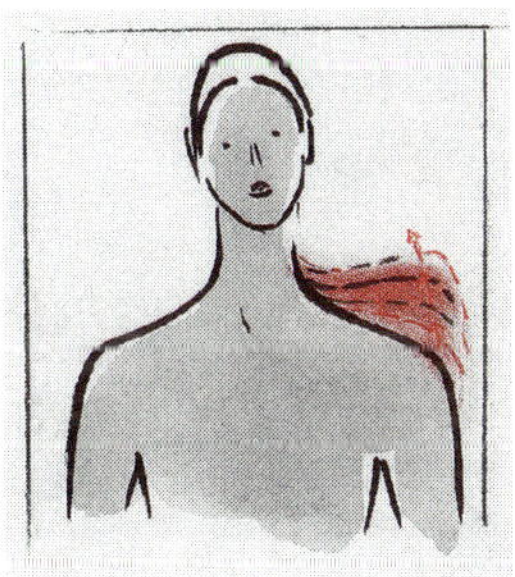

Zeitlupenelement Schulterbereich

Ziehen Sie die linke Schulter (die rechte Schulter/beide Schultern) sanft und langsam wie in Zeitlupe zu Ihrem Ohr hoch, um diese anschließend ebenso langsam wieder sinken zu lassen.

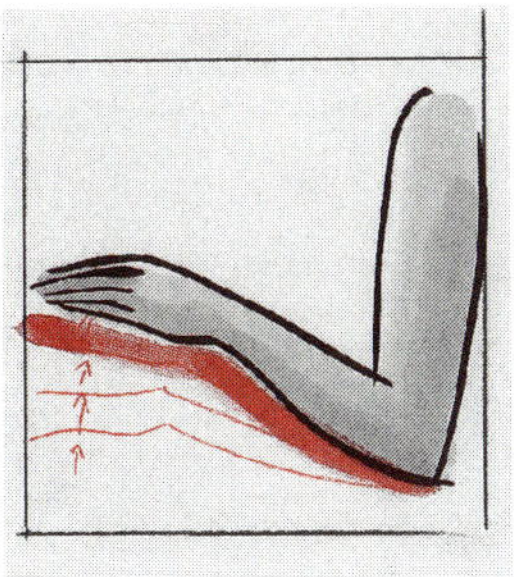

Zeitlupenelement Arm und Hand

Heben Sie den linken Arm (den rechten Arm / beide Arme) sanft und langsam wie in Zeitlupe nach oben, um diesen anschließend ebenso langsam wieder sinken zu lassen.

Zeitlupenelement Bein und Fuß

Heben Sie das linke Bein (das rechte Bein) sanft und langsam wie in Zeitlupe nach oben, um es anschließend ebenso langsam wieder sinken zu lassen.

Mobilisierung der Wirbelsäule

Es passiert leicht, daß man das zentrale Basistraining statt durch das *Sinken-Lassen* in der Körpermitte durch eine aktive Bewegung des Beckens nach hinten ausführt und ein Rundrücken entsteht. Die im folgenden beschriebene Übung zur Mobilisierung der Wirbelsäule ist hilfreich, um dies zu vermeiden und ein Gefühl für eine gerade und gleichzeitig lockere Haltung zu bekommen.

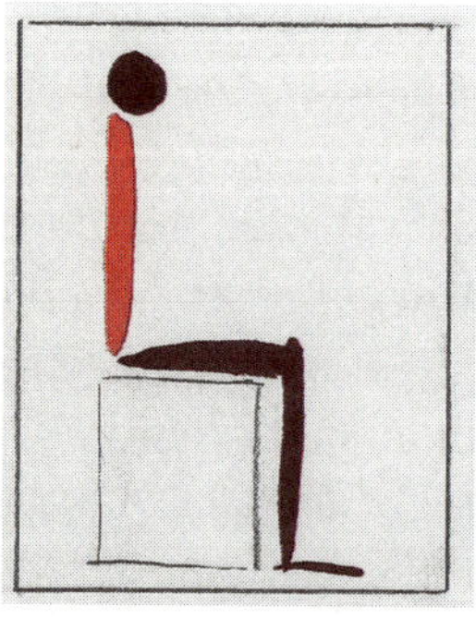

Stellen Sie einen Hocker an eine freie Fläche der Zimmerwand. Setzen Sie sich mit dem Rücken zur Wand auf den Hocker, so daß Sie bequem mit dem gesamten Rücken- und Beckenbereich, aber nicht mit dem Kopf die Wand berühren.

Kontrastelement

Bewegen Sie das Becken sanft und langsam von der Wand weg nach vorn, so daß die Wirbelsäule Wirbel für Wirbel nach oben abrollt (nur soweit keine Schmerzen auftreten!); zum Schluß berühren nur noch die Schultern die Wand.

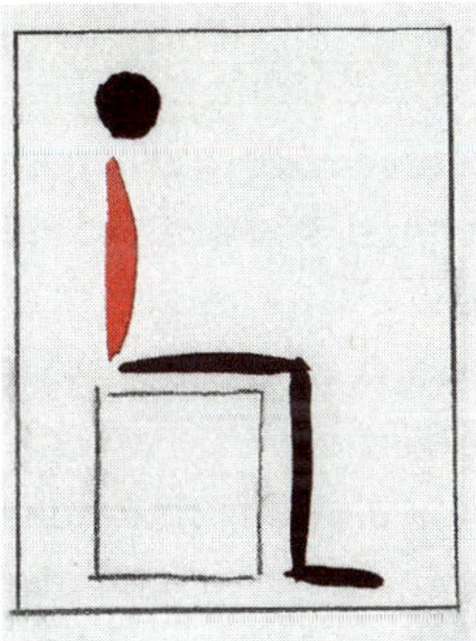

• ***Zentrales Grundelement***

Spüren Sie die Auflagepunkte Ihrer Sitzfläche. Lassen Sie sich im unteren Bauchraum im Bereich der Lendenwirbelsäule nach unten sinken, wodurch sich der Spannungsbogen im Körper löst. Beobachten Sie, wie durch das Sinken-Lassen der Kontakt der Sitzfläche zur Unterlage verstärkt spürbar wird.

ACHTUNG: Achten Sie immer darauf, daß der Bewegungsablauf für Sie angenehm ist! **Führen Sie eine Bewegung auf keinen Fall weiter aus, wenn Schmerzen auftreten! Dies wäre für die Wirbelsäule schädlich und auch für die Lockerung der Muskulatur völlig kontraproduktiv!**

Der dritte Energeter: Stehen

Warum?

Sie werden es wahrscheinlich schon erraten haben. Auch zwischen Stehen und Stehen gibt es enorme Unterschiede. Sie können in der Art eines Oberfeldwebels – Brust raus, Bauch rein – mit durchgestreckten Knien stehen und den gesamten Körper dadurch auf Hochspannung halten. Sie können aber auch das Gewicht auf die Fußsohlen verlagern und sicher und bequem stehen. Da sich im Alltag immer wieder Situationen ergeben, in denen Sie einen guten *Stand* brauchen, können Sie mit dem Einsatz des dritten Energeters dafür sorgen, daß Ihnen nicht so schnell der Boden unter den Füßen weggezogen werden kann. Außerdem *vertreten* Sie wesentlich gelassener Ihren *Stand*punkt, wenn Sie eine hohe Boden*ständigkeit* an den Tag legen. Diese Sprachbilder kommen nicht von ungefähr. Offensichtlich wurde das Gefühl, Boden unter den Füßen zu haben, immer schon unbewußt identifiziert mit einem Sich-sicher-Fühlen, wohingegen keinen Boden unter den Füßen zu haben Unsicherheit bedeutet und damit eine wesentlich höhere körperliche Anspannung erforderlich macht.

Wo und wann?

Auch der dritte Energeter kann im Alltag bei jeder nur möglichen Gelegenheit eingesetzt werden. An der S-Bahn-Station, bei beruflich bedingtem Stehen, in einer

Schlange an der Kasse, bei gesellschaftlichen Anlässen – mit einer gelassenen Haltung selbst bei langen Stehzeiten ist Ihnen die Bewunderung Ihres gesamten Umfeldes sicher. Wo immer Sie stehen müssen, gewinnen Sie also durch den Einsatz des dritten Energeters nicht nur Energie, sondern auch die Sympathien Ihrer Umgebung.

Ein entspanntes Stehen ist außerdem eine sehr effiziente ganzheitliche Übung zur Lockerung des gesamten Organismus. Dies ist seit Hunderten von Jahren bekannt; schon in den alten Schulen des Chi Gong und T'ai Chi Ch'uan war das entspannte Stehen eine Grundvoraussetzung für jede weitere Übungsarbeit. Sie können den dritten Energeter somit – wie es in China praktiziert wird – morgens als eine Art *Muskelhygiene* einsetzen, indem Sie wenige Minuten bewußt entspannt stehen und die eine oder andere der unterstützenden Übungen durchführen. Eine derartige kleine morgendliche Sequenz ist leicht in den Tagesablauf integrierbar und trägt wesentlich zur Erhaltung Ihrer Gesundheit bei!

Basistraining

Eine Lockerung der Haltung im Stehen zu spüren ist zu Beginn nicht einfach; es bedarf eines gewissen Trainings, um ein Gefühl für die veränderte Statik zu entwickeln. Mit der Zeit entsteht dann der Eindruck, daß der Körperschwerpunkt sich etwas nach unten verlagert und man fester auf den Füßen steht, also mehr *Boden unter den Füßen* spüren kann.

Die unten angeführte Reihenfolge der einzelnen Grundelemente hat sich in der Praxis bewährt. Sie ist aber keine Voraussetzung für die Wirkung des Basistrainings; die Reihenfolge kann nach Belieben verändert werden. Falls Sie über die angegebenen Körperbereiche hinaus noch weitere Muskelpartien entspannen möchten, können Sie dies natürlich tun – jeder Muskel kann durch ein gezieltes *Sinken-Lassen* entspannt werden. Auch ein punktueller Einsatz von weniger als den angeführten Grundelementen kann nach einiger Übung einen umfassenden Effekt erzielen.

ACHTUNG: Bitte **beobachten Sie** bei der Durchführung des Grundelementes, **wie** sich die einzelnen Muskelbereiche durch den Impuls des *Sinken-Lassens* lokkern, und bemühen Sie sich nicht, *daß* Sie entspannen! Jedes Bemühen bewirkt eine Verkrampfung, die eine Verringerung der Anspannung viel eher verhindert als fördert!

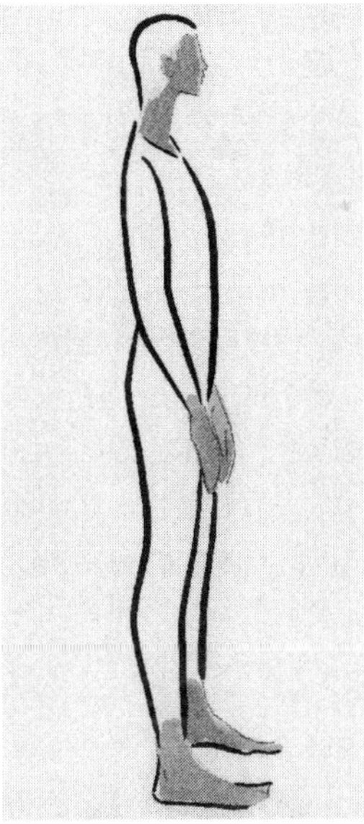

Beginn

Stehen Sie aufrecht (je nach Bedarf mit flachen Schuhen oder barfuß). Ihre Füße stehen in Schulterbreite parallel zueinander, und Ihr Gewicht ist auf beide Fußsohlen gleichmäßig verteilt. Der Kopf bleibt aufrecht.

TIP: Es ist manchmal zu Beginn des Basistrainings im Stehen hilfreich, sich vorzustellen, man würde, wie eine Marionette, am Scheitelpunkt des Kopfes aufgehängt sanft baumeln und alle Körperglieder hingen von selbst in der Schwerkraft. Falls Ihnen aber diese Vorstellung unangenehm ist, denken Sie sich einfach etwas anderes aus, oder arbeiten Sie ohne Bild. Der Effekt der Entspannung ist mit und ohne bildhafte Vorstellung zu erreichen.

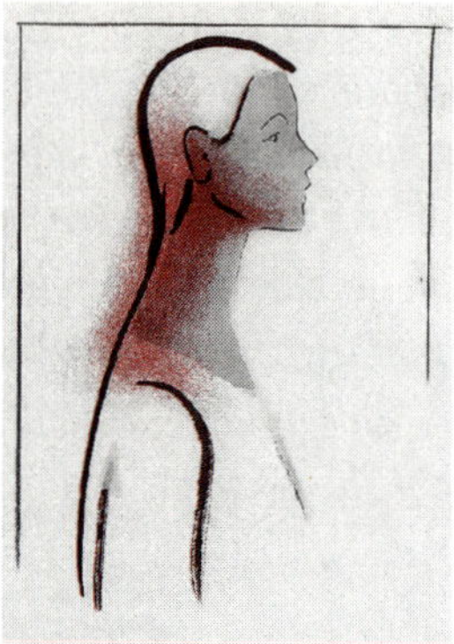

Grundelement Kopf und Gesicht

Lassen Sie den Kopf in den Nacken sinken, ohne die Blickrichtung zu verändern, und beobachten Sie, wie durch das Sinken-Lassen das Gewicht des Kopfes verstärkt spürbar wird. Lassen Sie dabei auch die Gesichtsmuskulatur einschließlich des Kieferbereiches locker (Schlappohren!).

TIP: Siehe Grundelement Kopf und Gesicht im zweiten Energeter

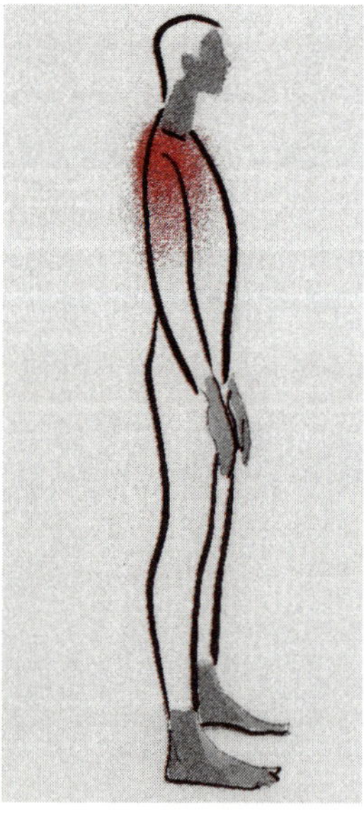

Grundelement Schulterbereich

Wandern Sie mit Ihrer Aufmerksamkeit zum Schulterbereich. Lassen Sie diesen sinken, und beobachten Sie, wie durch das Sinken-Lassen das Gewicht Ihrer Schultern und Arme verstärkt spürbar wird.

TIP: Bei dem Grundelement für den Schulter- und Armbereich entsteht idealerweise der Eindruck, als würden wie bei einer Marionette die Arme an den Schultern baumeln, und Sie spüren das Gewicht Ihrer Arme sogar noch deutlicher als im Sitzen; zumeist tritt nach kurzer Zeit eine verbesserte Durchblutung der Hände ein.

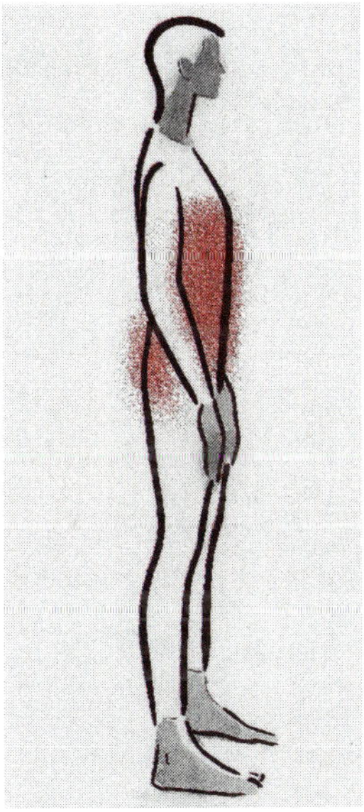

• ***Zentrales Grundelement***
Richten Sie Ihre Aufmerksamkeit auf Ihre Körpermitte. Lassen Sie sich im unteren Bauchraum nach unten sinken, wodurch sich der Spannungsbogen im Körper löst. Beobachten Sie, wie durch das Sinken-Lassen Ihr Körpergewicht verstärkt auf den Fußsohlen spürbar wird.

Das zentrale Grundelement im Stehen ist ähnlich komplex wie im Sitzen. Ein bewußtes flexibles Stehen ist sehr häufig erst einmal gewöhnungsbedürftig. Es kann zu Beginn der Eindruck entstehen, daß man etwas *schwammig* steht und keinen rechten Halt mehr hat. Das Gefühl, im Gegensatz zu der normalen, etwas starren

Haltung nun wie ein Grashalm zu stehen, ist, obwohl sehr viel energiesparender, mitunter nicht so leicht in das Selbstbild integrierbar. Das Gefühl, in einer beweglichen Haltung eine größeren Halt zu besitzen als in einer starren Position, entwickelt sich aber schon nach ein paar Wochen, so daß jede Cocktailparty ihren Schrecken verliert.

ACHTUNG: Auch beim zentralen Grundelement im Stehen entsteht häufig der Eindruck, die Wirbelsäule würde krumm. Dem ist auch hier nicht so! Im Gegenteil, das *Sinken-Lassen* nach unten verändert die Position Ihrer Wirbelsäule äußerlich nur unmerklich und ist somit keinesfalls mit einem Rundrücken verbunden!

TIP: Stellen Sie sich beim Einsatz des zentralen Grundelementes vor, Sie würden sich vorsichtig auf einen direkt hinter Ihnen befindlichen hohen Barhocker niederlassen. Wenn Ihnen dies zu Beginn nur schlecht gelingt und Sie sich unsicher fühlen, inwieweit Ihre Haltung beim Entspannen auch gerade bleibt, üben Sie das Stehen mit dem Rücken an eine Wand gelehnt (siehe: Der zweite Energeter – Unterstützende Übungen). Sie haben dann das gute Gefühl, aufrecht und sicher zu stehen, und können auf diese Art oft schneller lernen, Körpermitte und Knie locker zu lassen und trotzdem noch gerade zu bleiben.

WIRKUNG: Die Wirkung des zentralen Grundelementes im Stehen wirkt beinahe noch präziser als im Sitzen, denn durch die aufrechte Position kann die Schwerkraft optimal angreifen, und es fällt leichter, in Sekundenschnelle eine relevante Entspannung des ganzen Körpers zu erzielen. Es entsteht der Eindruck, der Schwerpunkt des Körpers würde sich etwas nach unten verlagern; eventuell setzt automatisch eine tiefere Atmung ein. Das *Sinken-Lassen* in der Körpermitte ist somit auch im Stehen der *Head-Trick*, der in Sekundenschnelle eine umfassende Verringerung der Anspannung im gesamten Körper erlaubt. Die weitreichende Wirkung, die sich mit diesem Element erzielen läßt, stellt sich aber auch beim Stehen in den allermeisten Fällen erst nach einer längeren Zeit des Trainings ein.

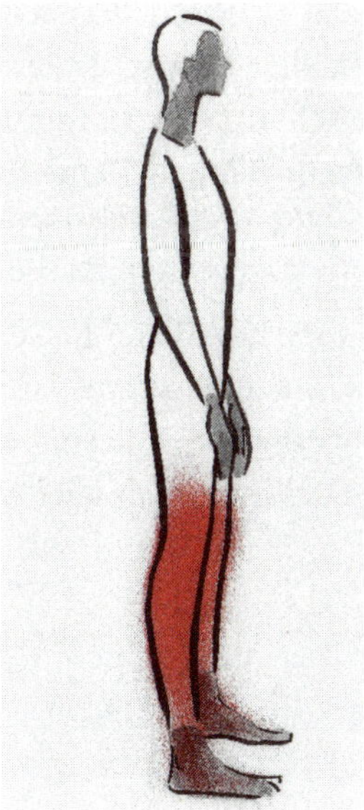

Grundelement Knie

Richten Sie Ihre Aufmerksamkeit auf die Knie. Lassen Sie diese locker nach unten sinken, so daß sie weich und beweglich werden, und beobachten Sie, wie durch das Sinken-Lassen das Gewicht Ihres Körpers deutlicher auf den Fußsohlen spürbar wird.

Das Grundelement Knie hat seine Tücken. Denn wenn man gewohnt ist, mit durchgedrückten, also geschlossenen Kniegelenken zu stehen, entsteht bei einem leichten Loslassen der Knie nach unten der Eindruck, Sie würden einknicken. Führen Sie das Stehen am besten vor dem Spiegel durch. Sie werden sehen, daß Ihre lockere Haltung nicht halb so *geknickt* aussieht, wie Sie glauben.

ACHTUNG: Die Crux beim *Sinken-Lassen* der Knie ist die Tatsache, daß nur eine kleine Bewegung von einigen Millimetern ausreicht, um das Kniegelenk zu *öffnen* und die Muskelspannung in den Beinen zu verringern. Wenn Sie aber zu weit in die Knie gehen und ähnlich wie beim Skifahren die Knie nach vorn schieben, arretiert das Gelenk, und die Spannung in den Oberschenkeln wird merklich größer. Es ist ein wachsames Austarieren notwendig, um die optimale offene Position der Knie zu erspüren. Lassen Sie sich also zu Beginn nur ein wenig in die Knie sinken, und prüfen Sie immer wieder, ob während des *Sinken-Lassens* der Knie die Beine locker bleiben. Wenn Sie zwischendurch wieder eine Anspannung in den Beinen spüren, entspannen Sie diese, indem Sie die Beine kurz durchstrecken und dann wieder lockerlassen.

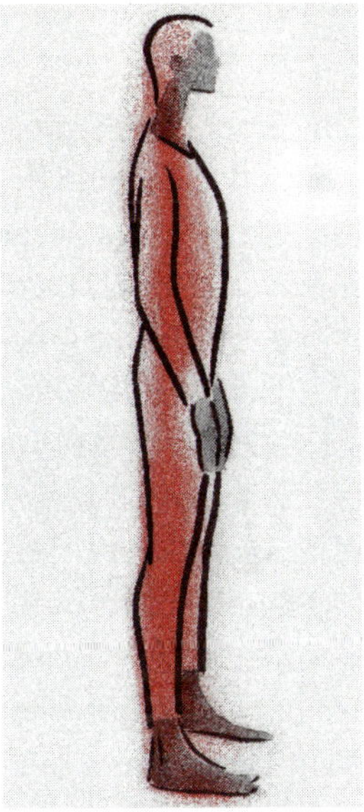

Abschluß
Richten Sie Ihre Aufmerksamkeit auf Ihren ganzen Körper, und lassen Sie diesen nach unten sinken. Beobachten Sie, wie durch das Sinken-Lassen das Gewicht Ihres Körpers deutlicher auf den Fußsohlen spürbar wird.

Bleiben Sie so lange stehen, wie Sie es als angenehm empfinden.

HINWEIS: Paradoxerweise kann man von diesem Energeter Muskelkater bekommen. Das liegt darin begründet, daß bei einem entspannten Stehen andere Muskelgruppen zum Einsatz kommen als die, die normalerweise benutzt werden. Lassen Sie es sich nicht verdrießen; mit der Zeit vergeht dieser Effekt.

Unterstützende Übungen

Nichts ist so hilfreich zur Lockerung einer verspannten Muskulatur wie eine langsame, sanfte Bewegung. Dies wußten schon vor Hunderten von Jahren chinesische Ärzte und empfahlen ihren Patienten, sich durch morgendliche Chi-Gong-Übungen gesund zu erhalten – bekanntermaßen standen damals die Ärzte nur so lange in Lohn und Brot, wie die von Ihnen Betreuten gesund blieben. Aus der Vielzahl der entstandenen Übungen sind nachfolgend das *Wellen* und *Drehen* der Wirbelsäule angeführt. Die sanften Bewegungsabläufe mobilisieren die Muskulatur um die einzelnen Wirbelkörper, so daß diese flexibler wird und auch das entspannte Stehen mit der Zeit besser gelingt. Wenn Sie die eine oder andere Übung morgens und/oder abends zusätzlich zum Stehen in Ihre Badezimmerroutine einbauen, werden Sie sich im Alltag weniger steif, sondern zunehmend locker bewegen.

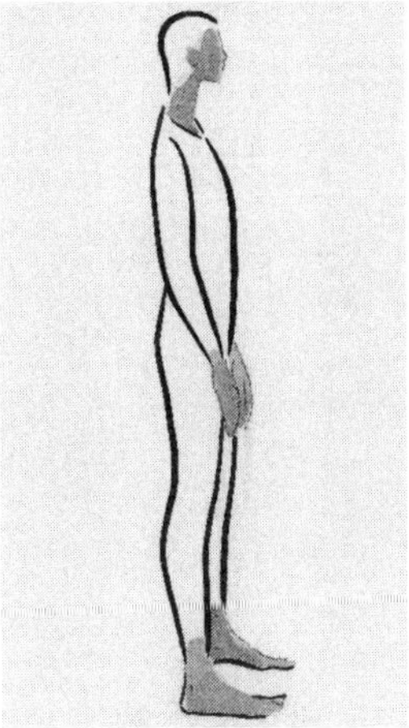

Beginn

Stehen Sie aufrecht (je nach Bedarf mit flachen Schuhen oder barfuß). Ihre Füße stehen in Schulterbreite parallel zueinander, und Ihr Gewicht ist auf beide Fußsohlen gleichmäßig verteilt. Der Kopf bleibt aufrecht.

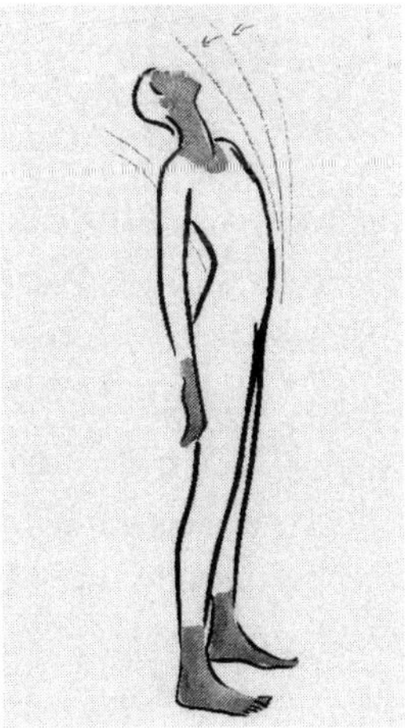

Sich nach rückwärts sinken lassen

Schieben Sie das Becken langsam und sanft ein wenig nach vorn (als ob Sie einen großen Bauch vor sich herschieben würden), und lassen Sie Ihre Wirbelsäule dabei Wirbel für Wirbel leicht nach hinten abrollen (nur solange keine Schmerzen auftreten!); Schultern und Arme baumeln locker nach unten.

TIP: Es kommt nicht darauf an, wie weit Sie die jeweilige Bewegung ausführen; im Gegenteil – kleine, sanfte Bewegungsabläufe mobilisieren die Wirbelkörper effizienter als ausladende, kraftvolle Bewegungen.

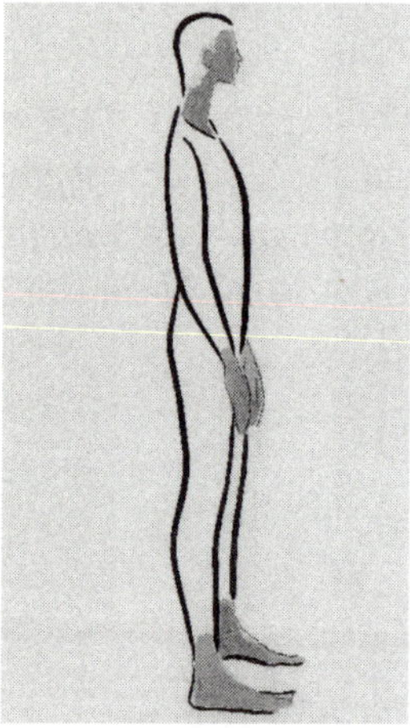

Bewegen Sie das Becken zur Mitte zurück, und lassen Sie sich wieder in der Körpermitte sinken.

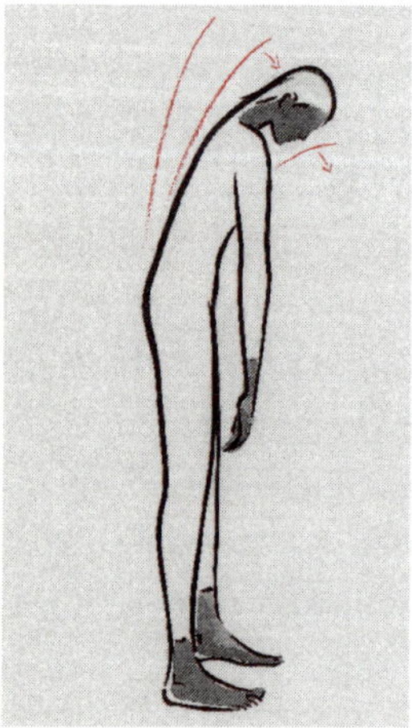

Sich nach vorn sinken lassen

Lassen Sie den Kopf nach unten hängen und weiter das Brustbein nach unten sinken, so daß sich Ihre Wirbelsäule Wirbel für Wirbel sanft nach vorn abrollt (die Stellung ähnelt einem mit den Armen pendelnden Gorilla). Ihr Rücken wird dabei rund, und die Arme pendeln am Oberschenkel entlang nach unten, die Knie bleiben locker gebeugt.

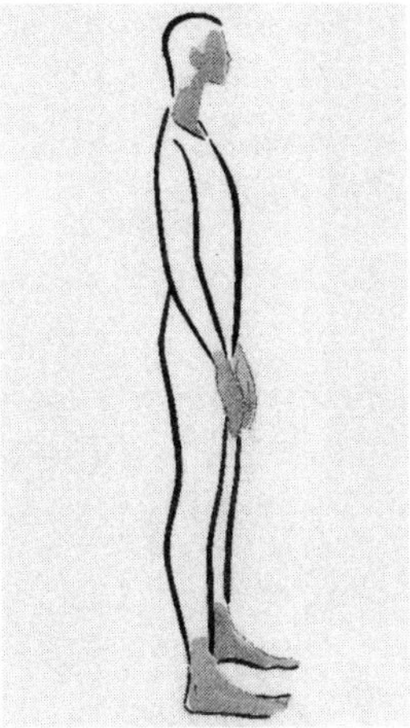

Bewegen Sie das Becken zur Mitte zurück, und lassen Sie sich wieder in der Körpermitte sinken.

Lassen Sie sich wieder nach rückwärts sinken, und wellen Sie so lange sanft die Wirbelsäule vor und zurück, wie Sie dies als angenehm empfinden.

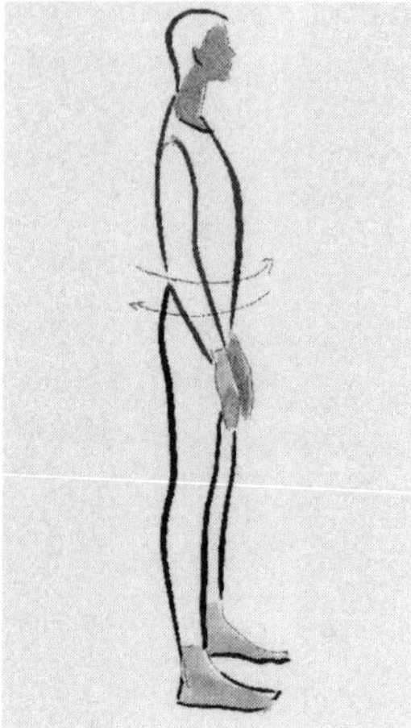

Beginn

Stehen Sie aufrecht (je nach Bedarf mit flachen Schuhen oder barfuß). Ihre Füße stehen in Schulterbreite parallel zueinander, und Ihr Gewicht ist auf beide Fußsohlen gleichmäßig verteilt. Der Kopf bleibt aufrecht.

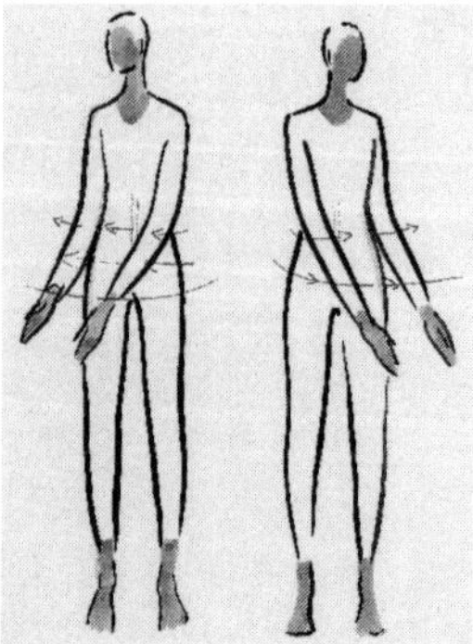

Schwingen

Das Becken beginnt sich leicht und rund nach rechts zu drehen (nur solange keine Schmerzen auftreten!) und läßt Oberkörper, Arme und Kopf nachschwingen, um anschließend wieder sanft und locker nach links zu schwingen. Bleiben Sie beim Drehen in der Körpermitte locker.

TIP: Der Bewegungsablauf ähnelt dem eines Kindes, das selbstvergessen im Schulhof hin- und herpendelt.

WIRKUNG: Laut Aussage einer erfahrenen Tanztherapeutin ist das Drehen des Beckens in die eine und die andere Richtung eine uralte Bewegung, bei der Endorphine, also körpereigene Muntermacher, ausgeschüttet werden. Ich habe keine entsprechenden wissenschaftlichen Untersuchungen gefunden, es aber selbst ausprobiert – es ist sehr wohltuend.

Schwingen Sie so lange sanft in die eine und in die andere Richtung, wie Sie dies als angenehm empfinden.

ACHTUNG: Achten Sie immer darauf, daß der Bewegungsablauf für Sie angenehm ist! **Führen Sie eine Bewegung auf keinen Fall weiter aus, wenn Schmerzen auftreten! Dies wäre für die Wirbelsäule schädlich und auch für die Lockerung der Muskulatur völlig kontraproduktiv!**

Der vierte Energeter: Gehen

Warum?

Der vierte Energeter, das Gehen, stellt zweifellos eine Herausforderung dar, denn von Natur aus sind wir nicht für ein lockeres Gehen im Alltag programmiert. Wir benötigen in freier Wildbahn Kraft um Bäume zu erklettern oder Löwen zu erlegen. Dementsprechend sind wir beim Gehen instinktiv auf Anspannung programmiert.

Lockeres Liegen, Sitzen oder Stehen bedarf also schon eines gewissen Trainings – um aber den Unterschied zwischen Gehen und Gehen zu erfahren, brauchen Sie ein hohes Maß an freundlicher Übungsdisziplin. Das Gehen *wie eine Katze*, also ein bewußtes, lockeres Gehen in extremer Zeitlupe, ist nicht so einfach nachzuvollziehen. Wappnen Sie sich also mit einer gewissen Langmut, bis Sie Ihre normale Gehbewegung ganzkörperlich locker ausführen können. Es dauert eine Weile, ehe Sie spüren, daß sich auch im Gehen relevant Energie gewinnen läßt; der Effekt ist dann um so befriedigender.

Wann und wo?

Üben Sie das Gehen in Zeitlupe, also das *Gehen wie eine Katze*, am besten erst einmal zu Hause oder allein in Ihrem Büro in einer uneinsehbaren Ecke. Denn wenn Sie den vierten Energeter coram publico üben, so könnte dies immer noch ein gewisses Befremden hervorrufen. Leider ist es bei uns im Westen noch nicht selbstverständlich, morgendliche Übungen im Park durchzuführen, während es in China und Japan zum normalen Straßenbild gehört.

Probieren Sie dann Ihre erworbenen Fähigkeiten beim langsamen Schlendern in Fußgängerzonen etc. aus. Auch eine Bergtour kann überraschenden Erfolg bringen; es kann nämlich sein, daß Sie beim Einsatz des flexiblen Gehens plötzlich merken, wie wenig Kraft Sie eigentlich für den Anstieg benötigen. Während Ihre Freunde mit hochrotem Kopf bergan pusten, bleiben Sie unbeeindruckt in Ihrer Körpermitte locker und dementsprechend cool. Nach einer längeren Übungszeit wird es möglich, den vierten Energeter automatisch in den alltäglichen Bewegungsablauf zu integrieren und auch beim Gehen jede Menge Energie zu gewinnen.

Basistraining

Das Gehen ist eine komplexe Bewegungsabfolge, die völlig automatisch erfolgt. Aus diesem Grund bedarf ein bewußtes *Sinken-Lassen* beim Gehen einer längeren Übungsphase. Mit der Zeit entsteht dann der Eindruck, daß der Schwerpunkt sich auch beim Gehen etwas weiter nach unten verlagert, und man kann den Boden unter den Füßen deutlicher spüren.

ACHTUNG: Bitte **beobachten Sie** bei der Durchführung des Grundelementes, **wie** sich die einzelnen Muskelbereiche durch den Impuls des *Sinken-Lassens* lockern, und bemühen Sie sich nicht, *daß* Sie entspannen! Jedes Bemühen bewirkt eine Verkrampfung, die eine Verringerung der Anspannung viel eher verhindert als fördert!

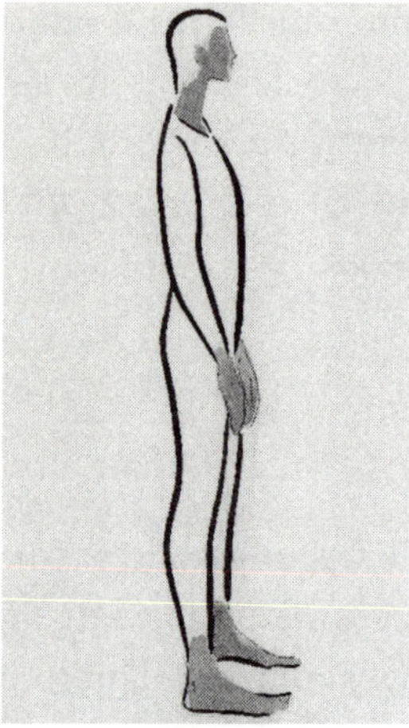

Beginn

Stehen Sie aufrecht und entspannt, wie im dritten Energeter beschrieben. Achten Sie darauf, daß Sie das zentrale Grundelement sorgfältig ausführen und daß Ihr Gewicht auf beide Fußsohlen gleichmäßig verteilt ist.

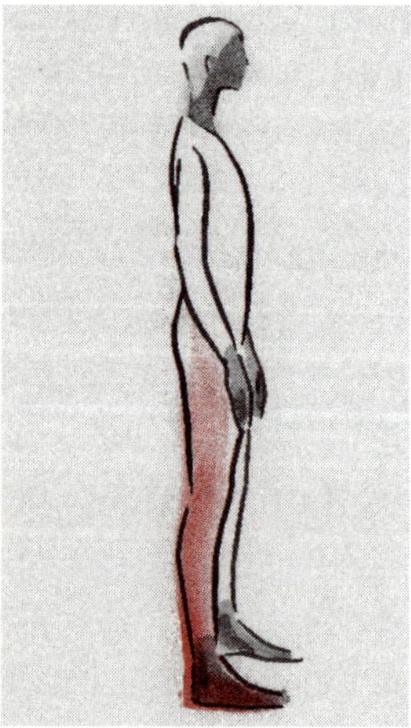

Gewichtsverlagerung seitlich nach rechts

Verlagern Sie nun Ihr Körpergewicht auf den rechten Fuß, indem Sie das Gewicht langsam und sanft seitlich auf die rechte Fußsohle verschieben. Lassen Sie sich nun auf dem rechten Bein sinken, und beobachten Sie, wie durch das Sinken-Lassen das Gewicht Ihres Körpers auf Ihrem rechten Fuß deutlich spürbar wird, also das rechte Bein voll und das linke Bein leer ist.

TIP: Sie brauchen zur Gewichtsverlagerung sicherlich nur einen Bruchteil der Kraft, die Sie dafür einsetzen.

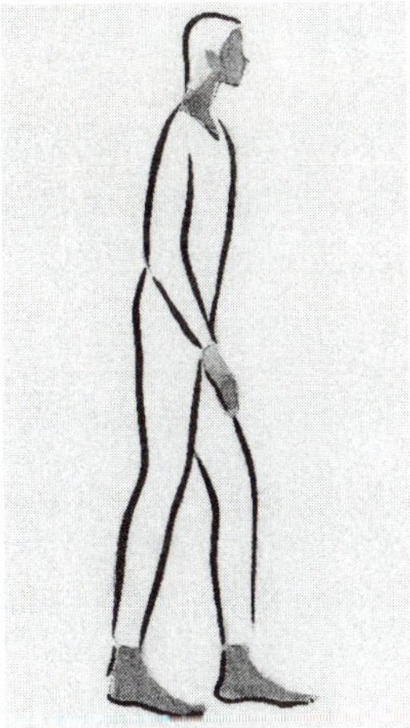

Linkes Bein, Schritt nach vorn
Setzen Sie Ihren linken Fuß mit der Ferse zuerst locker einen kleinen Schritt nach vorn, ***ohne*** *das Gewicht bereits nach vorn zu verlagern.*

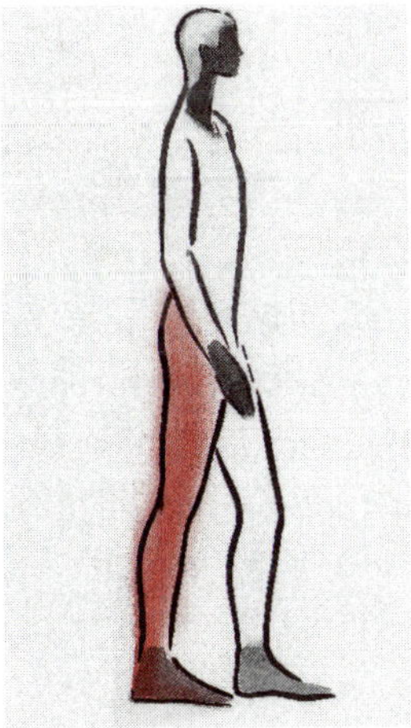

Rechter, rückwärtiger Fuß/Sinken-Lassen
Durch das Vorsetzen des Beines tritt im allgemeinen wieder eine Anspannung im Körper auf. Lassen Sie also Ihr Gewicht noch einmal auf das rückwärtige, rechte Bein sinken, und beobachten Sie, wie durch das Sinken-Lassen das Gewicht Ihres Körpers auf dem rechten Fuß deutlich spürbar wird, also das rechte Bein voll und das linke Bein leer ist.

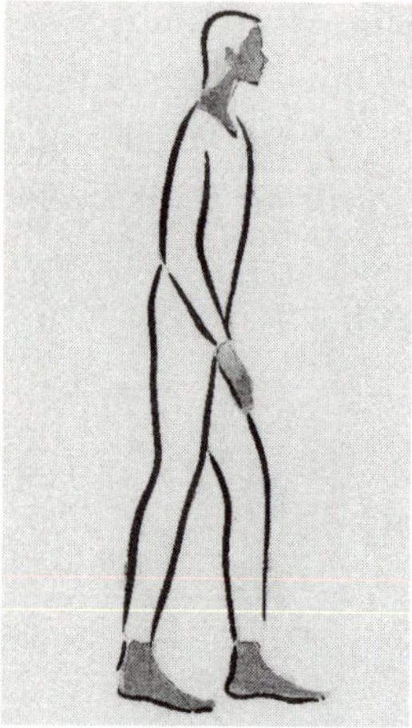

Gewichtsverlagerung nach vorn

Verlagern Sie nun sanft Ihr Körpergewicht auf den linken Fuß, indem Sie das Gewicht langsam nach vorn auf die linke Fußsohle verschieben.

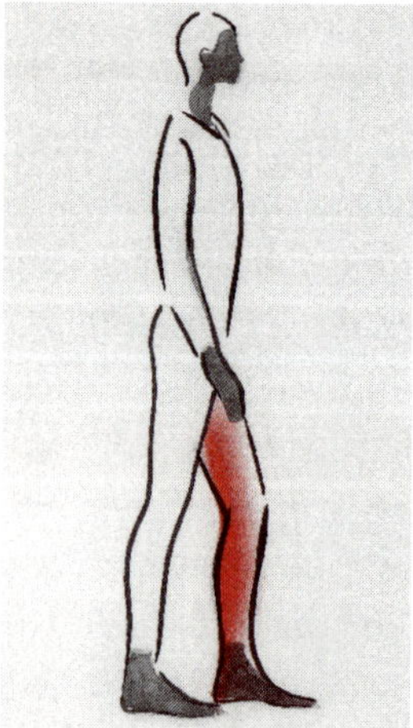

Linker, vorderer Fuß/Sinken-Lassen

Durch die Gewichtsverlagerung tritt im allgemeinen eine Anspannung im Körper auf. Lassen Sie also Ihr Gewicht auf das linke Bein sinken, und beobachten Sie, wie durch das Sinken-Lassen das Gewicht Ihres Körpers auf dem linken Fuß deutlich spürbar wird, also das linke Bein voll und das rechte Bein leer ist.

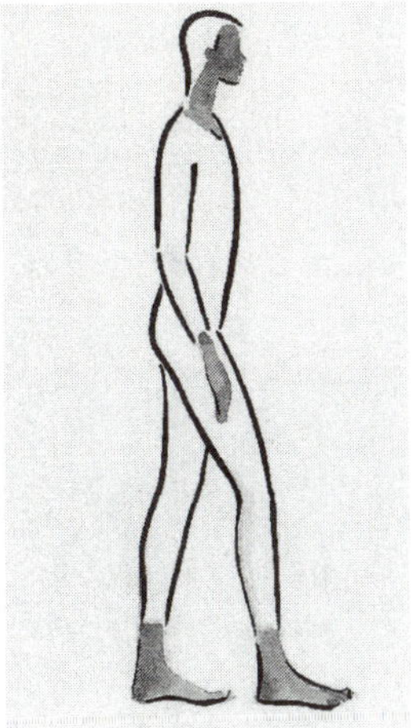

Rechtes Bein, Schritt nach vorn
Setzen Sie nun Ihren rechten Fuß mit der Ferse zuerst locker einen kleinen Schritt nach vorn, ***ohne*** *das Gewicht bereits nach vorn zu verlagern.*

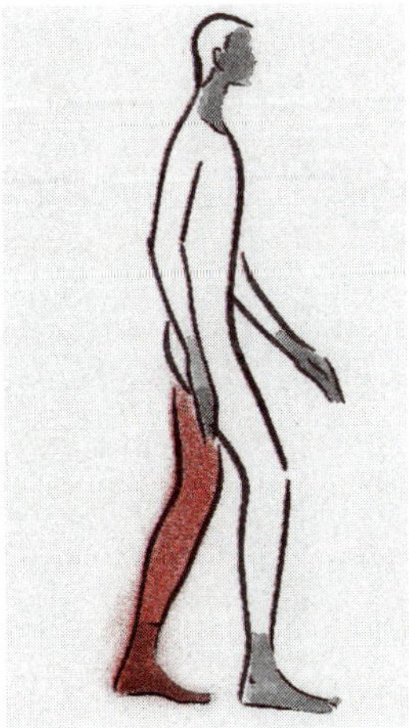

Linker, rückwärtiger Fuß/Sinken-Lassen
Durch das Vorsetzen des Beines tritt im allgemeinen wieder eine Anspannung im Körper auf. Lassen Sie also Ihr Gewicht noch einmal auf das rückwärtige, linke Bein sinken, und beobachten Sie, wie durch das Sinken-Lassen das Gewicht Ihres Körpers auf dem linken Fuß deutlich spürbar wird, also das linke Bein voll und das rechte Bein leer ist.

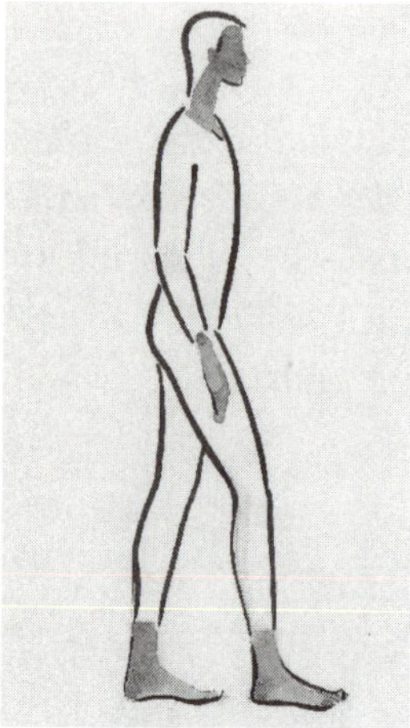

Gewichtsverlagerung nach vorn

Verlagern Sie nun sanft Ihr Körpergewicht auf den rechten Fuß, indem Sie das Gewicht langsam nach vorn auf die rechte Fußsohle verschieben.

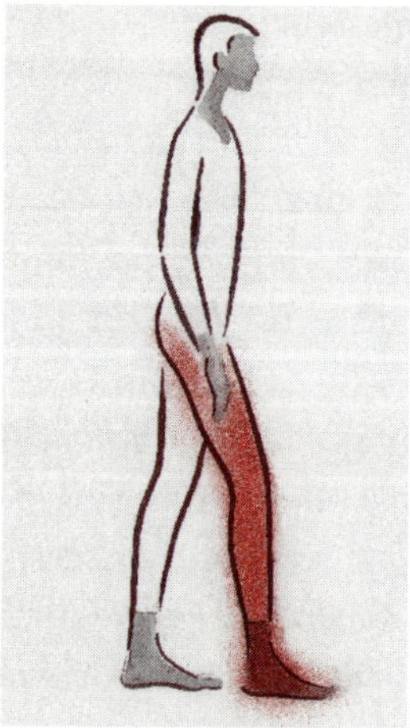

Rechter, vorderer Fuß/Sinken-Lassen

Durch das Vorsetzen des Beines tritt im allgemeinen wieder eine Anspannung im Körper auf. Lassen Sie also Ihr Gewicht noch einmal auf das vordere, rechte Bein sinken, und beobachten Sie, wie durch das Sinken-Lassen das Gewicht Ihres Körpers auf dem rechten Fuß deutlich spürbar wird, also das rechte Bein voll und das linke Bein leer ist.

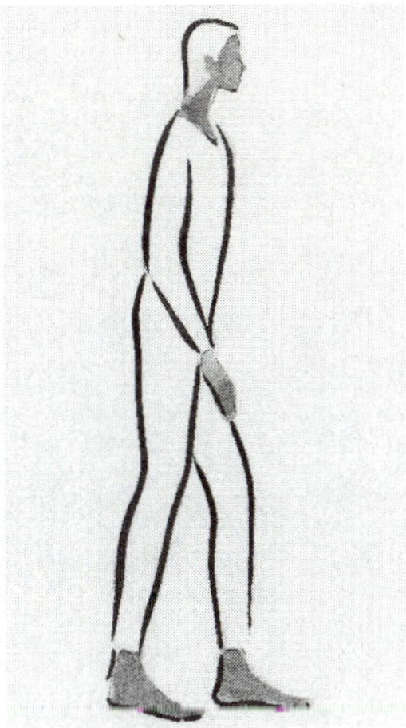

Linkes Bein, Schritt nach vorn
Setzen Sie Ihren linken Fuß mit der Ferse zuerst locker einen kleinen Schritt nach vorn, ***ohne*** *das Gewicht bereits nach vorn zu verlagern.*

Sie werden mir nach dieser Übungsbeschreibung recht geben, daß die Meisterschaft im bewußten, lockeren Gehen eine Herausforderung ist. Lassen Sie es sich aber nicht verdrießen, und führen Sie Ihre Bemühungen um eine Gehbewegung so lange fort, wie Sie Lust dazu haben. Die Erfolge im Alltag werden nicht lange auf sich warten lassen.

Unterstützende Übungen

Die folgende Bewegungsübung aus dem Chi Gong, das *Pendeln* der Wirbelsäule, ist hilfreich, um ein Gefühl für eine sanfte und gleitende Gewichtsverlagerung zu bekommen. Außerdem mobilisiert die Übung den gesamten Bewegungsapparat, so daß auch das entspannte Gehen mit der Zeit besser gelingt.

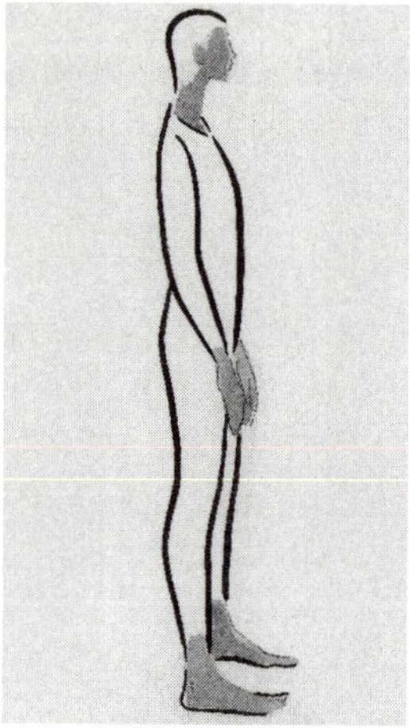

Beginn

Stehen Sie aufrecht (je nach Bedarf mit flachen Schuhen oder barfuß). Ihre Füße stehen in Schulterbreite parallel zueinander, und Ihr Gewicht ist auf beide Fußsohlen gleichmäßig verteilt. Der Kopf bleibt aufrecht.

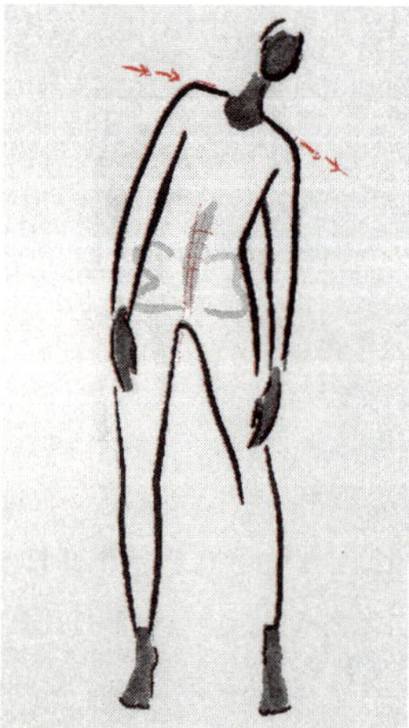

Sich seitlich nach rechts sinken lassen

Verlagern Sie Ihr Körpergewicht in einer leichten Pendelbewegung sanft auf den rechten Fuß, und lassen Sie dabei das Becken nach rechts sinken. Bei dieser Bewegung neigt sich praktisch der Oberkörper von selbst in die entgegengesetzte Richtung, also nach links (nur solange keine Schmerzen auftreten!); die Arme baumeln locker nach unten.

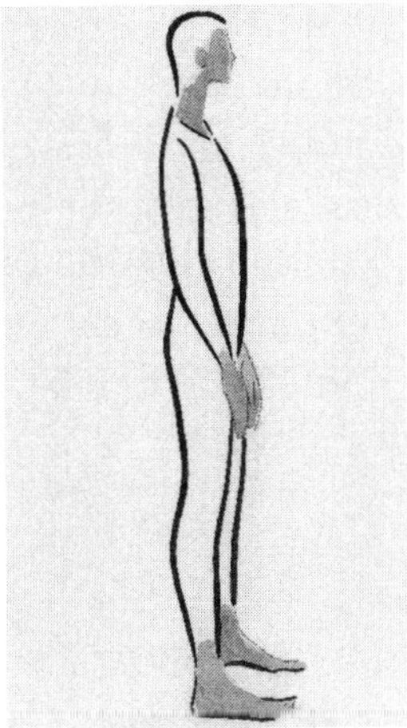

Zurück zur Mitte

Bewegen Sie das Becken sanft zur Mitte zurück, und beobachten Sie, wie sich dabei der Oberkörper von selbst Wirbel für Wirbel aufrichtet. Lassen Sie sich nun wieder in der Körpermitte sinken.

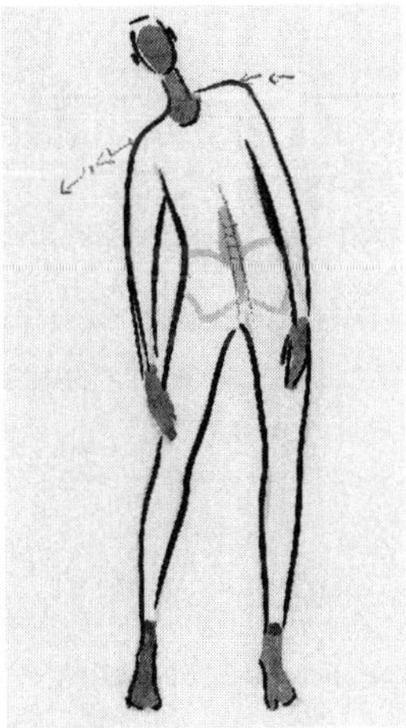

Sich seitlich nach links sinken lassen

Verlagern Sie Ihr Körpergewicht in einer leichten Pendelbewegung sanft auf den linken Fuß und lassen Sie dabei das Becken nach links sinken. Bei dieser Bewegung neigt sich praktisch von selbst der Oberkörper in die entgegengesetzte Richtung, also nach rechts (nur solange keine Schmerzen auftreten!); die Arme baumeln locker nach unten.

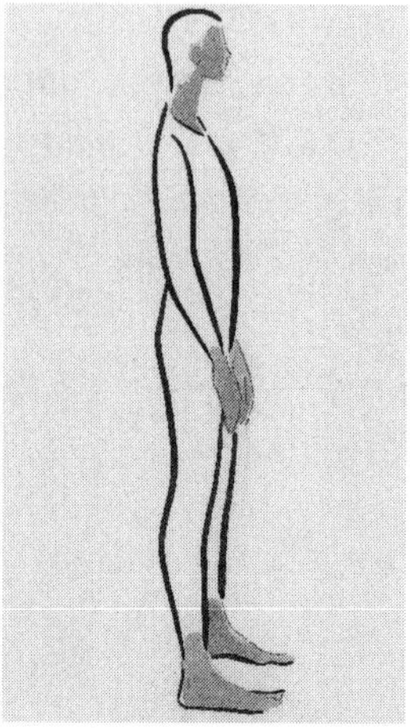

Zurück zur Mitte
Bewegen Sie das Becken sanft zur Mitte zurück, und beobachten Sie, wie sich dabei der Oberkörper von selbst Wirbel für Wirbel aufrichtet. Lassen Sie sich nun wieder in der Körpermitte sinken.

TIP: Denken Sie beim Pendeln der Wirbelsäule an ein Metronom auf einem Klavier oder an das sanft hin- und herschwingende Pendel einer Uhr; der Bewegungsablauf des Körpers wird dann leichter ähnlich harmonisch und gleichmäßig.

Bewegen Sie das Becken so lange sanft unter dem Oberkörper hin und her, solange Sie dies als angenehm empfinden.

ACHTUNG: Achten Sie immer darauf, daß der Bewegungsablauf für Sie angenehm ist! **Führen Sie eine Bewegung auf keinen Fall weiter aus, wenn Schmerzen auftreten! Dies wäre für die Wirbelsäule schädlich und auch für die Lockerung der Muskulatur völlig kontraproduktiv!**

Kapitel 5: Die Wirkung

Im Laufe der folgenden Monate konnte ich endlich die Früchte meiner jahrelangen Arbeit ernten – die einfache Technik der vier Energeter motivierte wesentlich mehr Patienten zu einem Energietraining, als ich es früher je erlebt hatte. Auch die erzielten Erfolge konnten sich sehen lassen – schon nach drei bis vier Wochen hatten die Patienten das Grundelement so gut erlernt, daß Sie problemlos im Alltag damit umgehen konnten, und es kamen Rückmeldungen von ihren jeweiligen Heimatwohnorten, die vier Energeter würden sich auch zu Hause sehr gut bewähren. Meine Familie hatte mich noch nie so hochgestimmt erlebt wie damals; dies war ihr nach den vielen Frustphasen, die sie im Laufe meiner Entwicklungsarbeit ertragen mußte, aber auch wirklich zu gönnen.

Gut gelaunt und voller Tatendrang begab ich mich jeden Tag in die Klinik. Ich freute mich auf neue Interessenten, denn es war für mich wichtig, die vier Energeter an einer möglichst breitgefächerten Klientel zu erproben. Ich konnte mit den erzielten Ergebnissen zufrieden sein. Unabhängig davon, ob ich mit skeptischen, dynamischen, deprimierten oder resignierten Patienten zu tun hatte: Die meisten von Ihnen waren schon nach der ersten Einheit von der Methode überzeugt und konnten in kurzer Zeit gute Ergebnisse erzielen. Die erarbeitete Kombination von altem Wissen und modernen Erkenntnissen bewährte sich offensichtlich gut; die vier Energeter vermittelten in kurzer Zeit die Fähigkeit, im Alltag eine entspanntere Grundhaltung einnehmen zu können.

Wie erlebt man den Einsatz der vier Energeter?

Es ist gar nicht so einfach, die Wirkung der vier Energeter zu beschreiben, denn das Spüren, Fühlen und Erleben der körperlichen Erfahrung kann schriftlich nur schlecht vermittelt werden:

- Das Spüren, wie durch den einfachen Impuls des *Sinken-Lassens* Körperpartien leichter werden.
- Das Erleben, wie man sich durch wenige Minuten des Energietrainings lockerer, runder, sanfter, weicher, ruhiger fühlt und das Wohlbefinden deutlich ansteigt.
- Das Erstaunen, daß beim Einsatz der Kurzform nur wenige Sekunden ausreichen, um die körperliche Anspannung deutlich zu verringern.
- Die Erfahrung, wie groß der mögliche Spielraum zwischen Spannung und Entspannung ist.
- Das Spüren, wie man auch beim Stehen viel zuviel Kraft einsetzt, um sich aufrecht zu halten, und wie wenig Energie man eigentlich für eine aufrechte Haltung braucht.

- Das Erstaunen, wie leicht man sich mit einem Bruchteil der normalerweise eingesetzten Kraft bewegen kann.

Dies alles kann man eigentlich erst nachvollziehen, wenn man das Grundelement einige Male eingesetzt hat und die Effekte beim praktischen Einsatz der vier Energeter selbst erlebt hat. Die gesamte Bandbreite der eintretenden Wirkung entwickelt sich erst im Laufe der Zeit. Bleiben Sie also auch mit zunehmender Routine neugierig auf die eintretenden Effekte; Sie werden überrascht sein, wie sich immer wieder neue Facetten des Erlebens einstellen und Sie auch noch nach Wochen und Monaten des Trainings ungeahnte Möglichkeiten der Modulation entdecken.

Welcher zeitliche Aufwand ist notwendig, um eine relevante Wirkung zu erzielen?

Die Frage nach dem zeitlichen Aufwand beantworte ich immer besonders gerne, denn es sind tatsächlich nur ca. zehn bis fünfzehn Minuten täglich notwendig, um einen dauerhaften Erfolg zu erzielen. Die zwischendurch eingesetzten Grundelemente während des Tages benötigen ja keine extra Zeit, da sie in den Tagesablauf integriert werden können. Einer Ausdehnung der Zeitspannen steht natürlich nichts im Wege, aber das Minimum für einen effizienten Einsatz sind ca. zehn Minuten Energietraining morgens oder mittags oder abends.

Für die morgendliche Trainingseinheit empfiehlt sich das Basistraining im Stehen kombiniert mit einer der unterstützenden Übungen; mittags oder abends können Sie nach Lust und Laune entspannt liegen, sitzen, stehen oder gehen. Diese Praxis der morgendlichen Übungen hat sich in China schon über viele Jahre bewährt; man sieht dort jung und alt im Park T'ai Chi Ch'uan oder Chi-Gong üben, und an der guten Kondition der 90jährigen Chinesen kann man erkennen, wie positiv sich dieses sanfte Training bis ins hohe Alter auswirkt.

Welche Wirkung kann man sofort erwarten?

Die sofortige Wirkung des Grundelementes zeigt sich bei den meisten Menschen besonders deutlich im Liegen. Man merkt praktisch sofort, wie das *Sinken-Lassen* eine deutliche Verringerung der Anspannung im Körper verursacht, das Gewicht auf die Unterlage sinkt und man sich dadurch z. B. leichter, wärmer, freier fühlt. Aber auch im Sitzen und Stehen tritt praktisch sofort eine deutlich wahrnehmbare Wirkung ein. Die Hände sind spürbar besser durchblutet, die Sitzfläche wird deutlicher wahrgenommen, und man spürt den Boden unter den Füßen. Insgesamt gesehen fühlen Sie sich nach der Durchführung des Basistrainings ruhiger und wohler.

Welche Wirkung kann man in der ersten Trainingszeit erwarten?

Der Einsatz eines Grundelementes ist praktisch sofort mit einer Verringerung der Anspannung verbunden, doch ist diese Modulation noch nicht von bleibender Wirkung. Wenn Sie z. B. an sich beobachten, daß Ihre Schultern angespannt sind, so erleben Sie sehr rasch, daß durch den Einsatz des Grundelementes die Schultern sinken und sich der Arm- und Schulterbereich lockert. Sie werden aber auch bemerken, daß die Schultern, wenn Sie Ihre Aufmerksamkeit wieder anderen Dingen zuwenden, ziemlich schnell wieder angespannt sind.

Leider kann eine über Jahre bestehende Dauerspannung der Muskulatur nicht durch einen kurzfristigen Einsatz der vier Energeter eliminiert werden. Die Muskulatur wird erst durch wiederholte Impulse zur Entspannung wieder flexibel und kann sich erst mit der Zeit auf ein permanent niedrigeres Spannungsniveau einstellen. Ihr Organismus benötigt also wiederholt den Einsatz der Grundelemente, ehe sich im Bewegungsapparat dauerhaft ein mittleres Spannungsniveau etablieren kann.

Bei entsprechendem Training bekommen Sie aber Woche für Woche einen besseren Zugriff auf Ihre Modulationsfähigkeit und merken, wie sich ihr Spannungsniveau nicht mehr weiter nach oben bewegt, sondern langsam nach unten schraubt. Nach etwa vier bis sechs Wochen können Sie das Grundelement routiniert in Alltagssituationen einsetzen, und nach weiteren vier bis sechs Wochen beginnen sich Spannungsfelder dauerhaft zu lösen. Falls Sie in dem einen oder anderen Körperbereich ein Zwicken oder Kribbeln bemerken, so werten Sie dies getrost als gutes Zeichen; verspannte Muskeln, die wieder flexibel werden, machen sich zuweilen auf die eine oder andere Art bemerkbar. Falls Sie eine Unmenge ungenutzter Energie z. B. in den Beinen verspüren, so treiben Sie vermehrt Sport – Ihr Bewegungsapparat hat dann durch die geringere Muskelspannung Energie übrig und braucht eine Weile, bis er sich auf das neue Spannungsniveau einstellt. Genußvolles Radfahren oder Wandern ist ein sinnvoller Einsatz Ihrer im Moment überflüssigen Energie, und nach einigen Wochen hat sich der Energiefluß wieder geregelt.

Welche Wirkung kann man langfristig erwarten?

Der eintretende Effekt der vier Energeter kann natürlich nicht standardisiert werden; die Wirkung ist je nach Situation des Betreffenden und je nach Naturell verschieden:

- Falls Sie z. B. zu den Menschen gehören, die sich den ganzen Tag über nicht eine Pause gönnen, werden Sie sukzessive erleben, daß Sie es schaffen, die Aktivitätsphasen immer wieder einmal zugunsten einer Ruhephase zu unterbrechen. Sie merken, daß Sie mit dieser Art der Tagesstrukturierung effizienter arbeiten und sich dabei wohler fühlen.

- Wenn Sie in Ihrer Freizeit das Gefühl haben, dauernd aktiv sein zu müssen, werden Sie sukzessive erleben, daß Sie sich entgegen Ihrer sonstigen Gewohnheit nicht völlig verplanen, sondern sich auch erlauben, zur Ruhe zu kommen, und dies mit der Zeit sogar genießen.
- Falls Sie abends oft völlig ausgelaugt sind und keine Kraft und Lust mehr haben, einer Freizeitbetätigung nachzugehen, werden Sie bei einem regelmäßigen Einsatz der vier Energeter mit der Zeit feststellen, daß Sie nach der Arbeit noch genügend Energie zur Verfügung haben, genußvoll Ihre Freizeit zu verbringen.

Durch den Einsatz der vier Energeter entwickelt sich also langfristig die Fähigkeit, die uns leider nicht angeboren ist, nämlich auch unter Belastung wählen zu können zwischen Arbeits- und Ruhephasen. Sie erarbeiten sich also eine Unabhängigkeit von der instinktiv eingebauten *Streßprogrammierung*, die Sie normalerweise zwingt, Anforderungen sofort zu berücksichtigen, und können flexibel abwechseln zwischen Anstrengung und Erholung. Ein regelmäßiges Energietraining kann Sie somit trotz hoher Anforderungen vor einem Burn-out-Syndrom schützen.

Eine bewußte Verringerung unnötiger Muskelspannung im Alltag hat weiterhin den großen Vorteil, daß Sie nicht mit einer über die Jahre sukzessive ansteigenden Körperspannung konfrontiert sind, sondern auf Dauer Ihre Körperspannung auf einem normalen Niveau halten können. Denn wenn Sie über Jahre ein hohes Maß an Belastungen verkraften müssen, *verlernt* Ihr Organismus mit der Zeit, zu entspannen, und es baut sich eine immer höher werdende körperliche Anspannung auf:

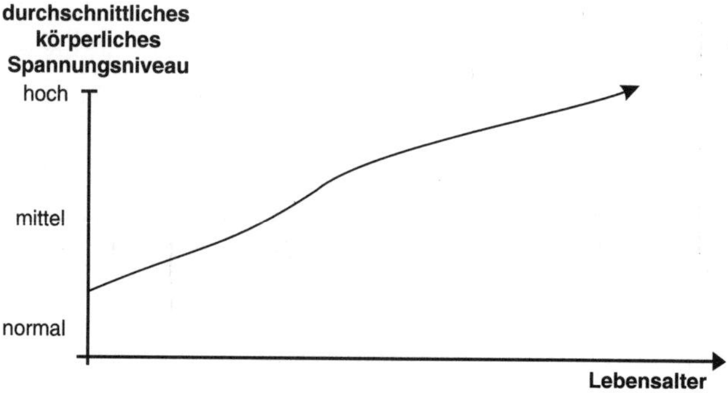

Auf diese Art und Weise verbrauchen Sie ein hohes Maß an Energie, ohne daß Ihnen dies zum Vorteil gereicht. Im Gegenteil, die überhöhte Muskelspannung verursacht Schmerzen und Beschwerden im gesamten Bewegungsapparat, besonders im Rücken. Wenn Sie sich aber dauerhaft darum bemühen, die unnötig auftretende körperliche Spannung immer wieder bewußt zu verringern, verbleibt Ihre durchschnittliche Körperspannung auf einem normalen Niveau, und Sie bleiben locker und flexibel.

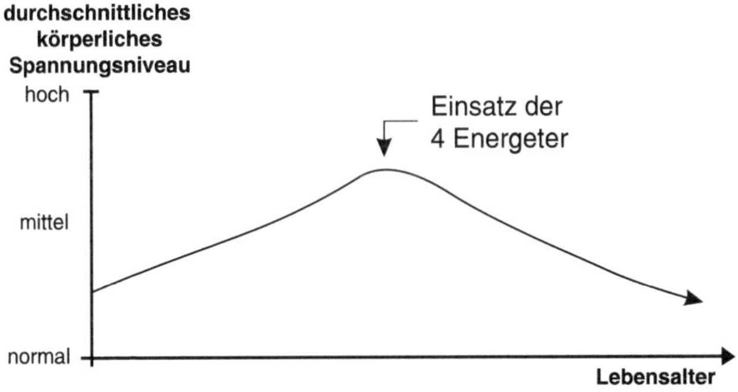

Der Erhalt eines normalen körperlichen Spannungsniveaus hat viele Vorteile. Sie sparen Energie, bleiben mental ruhiger, sind kreativer und tun etwas für Ihre Gesundheit. Wenn Sie also über zwei bis drei Monate mit freundlicher Disziplin morgens und abends einige Minuten das Basistraining im Stehen in Ihre Badezimmerroutine eingebaut haben, können Sie davon ausgehen, daß bei aufmerksamer Ausführung sukzessive eine spürbare Verbesserung Ihres Befindens eintritt; natürlich vorausgesetzt, es war bisher ein immer wieder auftretendes Mißbefinden vorhanden. Falls Sie sich pudelwohl fühlen, wird dies selbstverständlich auch weiterhin der Fall sein. Sie sorgen auch ohne vorherigen Leidensdruck dafür, daß Sie erst gar nicht in eine Situation kommen, in der Ihre Gesundheit durch eine viel zu hohe Anspannung Ihres Körpers in Mitleidenschaft gezogen wird.

Wie lange dauert es, bis man die vier Energeter in Streßsituationen einsetzen kann?

Man kann sich unschwer vorstellen, daß die Fähigkeit, neben einem *brüllenden Löwen* zu entspannen, nicht im Handumdrehen erlernbar ist. Hingegen können Sie eine *fauchende Katze* schon viel eher links liegenlassen, wenn Sie sich im Moment nicht darum kümmern möchten. Es kommt also immer auf die Bedrohlichkeit bzw. Dringlichkeit der Situation an, ob Sie sich dieser entziehen können oder nicht.

Wenn Sie sich eine Skala vorstellen, auf der Sie subjektiv lebensgefährlich erscheinende Situationen ganz oben und lapidare Ereignisse ganz unten verzeichnen, so werden Sie sich bei einem regelmäßigen Einsatz der Energeter im Laufe der Zeit *hocharbeiten*. Am Anfang gelingt es Ihnen kaum, ärgerliche Kleinigkeiten gelassen hinzunehmen, aber mit der Zeit können Sie wesentlich ruhiger reagieren, wenn Sie beispielsweise keinen Parkplatz finden, wenn Sie bei Rot an der Ampel stehen, wenn Sie einen Zug verpassen etc. Sie werden verblüfft sein, wieviel Energie Sie durch eine derart ausgeglichene Gemütslage gewinnen.

Erwarten Sie aber bitte nicht, daß Sie schon bald in jeder Situation mit völliger Gelassenheit reagieren können. Zwei bis drei Monate Training reichen nicht aus, um auch unter sehr großem Streß die Anspannung zu regulieren. Wenn Sie das Gefühl haben, in einer prekären Situation zu sein, dann kann die automatisch eintretende Adrenalinausschüttung im allgemeinen nicht mehr kontrolliert werden. In meiner Praxis erbitte ich, falls mein Gegenüber eine umfassende Gelassenheit in allen Lebenslagen erreichen sollte, daß er/sie mir dann eine Ansichtskarte zukommen lassen möge. In diesem Fall würde ich in aller Bescheidenheit zu ihm/ihr kommen, um dieses hohe Maß an Ausgeglichenheit zu erlernen.

Wie erlernt man die vier Energeter am besten?

Im Laufe der Zeit wurde meine Arbeit auch außerhalb der Klinik bekannt, und es kamen auch Interessenten zu mir, die gesund waren, aber schon vorbeugend dafür sorgen wollten, ihren Alltagsstreß nicht ausufern zu lassen. Das Erlernen der vier Energeter unter normalen Arbeitsbedingungen hat den Nachteil, daß der einzelne nicht soviel Zeit zur Festigung der Grundelemente aufbringen kann wie in einer Kursituation. Von Vorteil ist aber, daß das Grundelement von Anfang an auch in Alltagssituationen geübt werden kann. Während das Erlernen der Technik in einer Kur kurz vor der Abreise die bange Frage nach sich zieht, ob sich die vier Energeter wohl auch im Alltag bewähren würden, können die ambulanten Klienten dies sofort erproben und sich sofort von der Umsetzbarkeit der Technik überzeugen.

Wie immer gibt es also bei jeder Art des Lernens Vor- und auch Nachteile. In einer Kursituation wird die Fähigkeit des Modulierens der Anspannung schneller erlernt, dafür muß der Einsatz unter Belastung anschließend erst im Alltag geübt werden. Bei einem alltagsbegleitenden Trainingsprozeß dauert es zu Beginn zwar etwas länger, bis sich der Erfolg einstellt, aber dafür *sitzt* die Technik dann auch besser. Als günstig hat es sich aber in jedem Fall erwiesen, wenn das Erlernen der Grundelemente professionell begleitet wird. Die Tips und Hinweise eines erfahrenen Therapeuten beschleunigen den Lernprozeß und sind besonders in der ersten Phase hilfreich für einen effizienten Einsatz der vier Energeter.

Gibt es beim Einsatz der vier Energeter paradoxe Reaktionen?

Bei hochaktiven Menschen kann die Entspannung manchmal eine paradoxe Reaktion hervorrufen, indem eine bereits vorhandene Unruhe leicht verstärkt spürbar wird. Dies ist auf den instinktiven Widerstand des Organismus zurückzuführen, unter Streß lockerzulassen (siehe Kapitel 1 und 2). Gehen Sie in diesem Fall verständnisvoll mit sich um, und machen Sie sich keine Vorwürfe, *nicht einmal entspannen zu können.* Nehmen Sie sich sehr viel Zeit, sich langsam an das Terrain der Entspannung zu gewöhnen und in kleinen Schritten zu *desensibilisieren*, also diesen Widerstand langsam abzubauen. Stellen Sie sich das Grundelement immer nur so lange zur Verfügung, solange Sie sich wohl fühlen, und brechen Sie das Training ab, falls ein Mißbefinden auftritt. Stellen Sie sich aber die Möglichkeit der Entspannung immer wieder zur Verfügung. Wenn Sie auf diese sanfte Art und Weise mit Ihrem Organismus umgehen, verschwindet die paradoxe Körperreaktion in der Regel schnell, und es kehrt der erwünschte Effekt einer zunehmenden Ruhe und Erholung ein.

Fördert der Einsatz der vier Energeter die Kreativität?

Wenn Sie in einem Bereich arbeiten, in dem Sie auf innovative Problemlösungen angewiesen sind, können Sie durch den Einsatz der vier Energeter Ihre kreativen Fähigkeiten bewußt fördern. Untersuchungen belegen, daß sich innovative Ideen am besten bei einem eher niederen Aktivierungsniveau einstellen, wohingegen sich bei einer hohen inneren Spannung die Fähigkeit einer kreativen Problemlösung zunehmend verliert[1]:

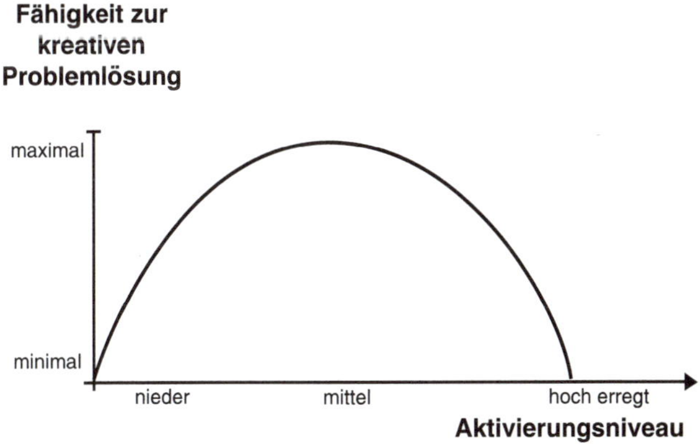

1 Yerkes-Dodsonsches Gesetz

Der Grund für das Unvermögen, unter großem Streß kreativ zu sein, liegt wieder in unserer Entwicklungsgeschichte. In freier Wildbahn sicherte primär reflexartiges Reagieren den Erhalt unserer Spezies; einem Löwen gegenüberzustehen und die Situation erst einmal zu durchdenken, ehe man reagierte, hätte die lebensrettenden Sofortmaßnahmen wesentlich verzögert und dadurch die bestehende Gefahr noch vergrößert. Heutzutage ist es aber mehr als unpraktisch, daß unsere Reaktionsweise unter hoher Anspannung mehr und mehr von unseren Instinkten statt von unserem Denken gesteuert ist und in extremen Streßsituationen beim sogenannten *Blackout* das Denken sogar völlig ausgeschaltet wird. Man kann aber lernen, die bei zunehmender Erregung auftretende Einschränkung des Denkvermögens bis zu einem gewissen Grad zu verhindern. Denn wenn man das Aktivierungsniveau des Organismus regulieren kann, kann man auf diese Art und Weise auch den inneren Erregungszustand niedrig halten (siehe Kapitel 2). In dem Maße, in dem es nach entsprechendem Training möglich ist, die Anspannung im Körper bewußt zu senken, kann man sich auch unter Belastung die Fähigkeit erhalten, Probleme kreativ zu lösen und entsprechend zu handeln.

Falls Sie also darauf angewiesen sind, unter Termindruck Schwierigkeiten kreativ zu lösen oder spontan innovative Ideen zu produzieren, können Sie bei entsprechendem Training durch den Einsatz der vier Energeter Ihr Aktivitätsniveau beeinflussen und dadurch gewährleisten, daß Ihre kreativen Fähigkeiten erhalten bleiben bzw. sich noch verbessern. Sie sind dann in der Lage, trotz äußerer Belastungen Ihre Anspannung zu regulieren, und bleiben damit in einem Aktivierungsbereich, in dem Sie den Zugriff auf innovative Problemlösungen behalten.

Indirekt ist der Einsatz der vier Energeter auch förderlich für die Kreativität von Künstlern. Die körperliche Haltung beim Malen, Musizieren etc. ist häufig einseitig und dadurch mit relevanter muskulärer Spannung verbunden. Die Möglichkeit, strapazierte Muskelbereiche während kleinster Pausen in langen Arbeits- bzw. Übungsphasen bewußt zu lockern, wirkt sich deshalb segensreich auf das Wohlbefinden vielfältig in Anspruch genommener Künstler aus.

Welche gesundheitliche Wirkung kann man erwarten?

NORMALISIERUNG DER MUSKULÄREN SPANNUNG:
Eine permanent erhöhte Anspannung der Muskulatur verursacht auf Dauer Irritationen und Schmerzen im Körper. Eine verspannte Kiefermuskulatur macht sich zum Beispiel durch ein unangenehmes nächtliches Zähneknirschen bemerkbar; eine hohe Anspannung im Schulter- und Nackenbereich zieht oft Halswirbelsäulenschmerzen und Kopfschmerzen nach sich; chronische Verspannungen der Wirbelsäulenmuskulatur können die bekannte Leidensspirale der Rückenschmerzen auslösen. Durch den regelmäßigen Einsatz der vier

Energeter normalisiert sich auf Dauer das Spannungsniveau Ihrer Muskulatur; Sie vermeiden Schmerzen und gewinnen Energie, die ansonsten destruktiv als unnötige Muskelspannung verpufft.

NORMALISIERUNG DER ATMUNG:
Eine hohe Muskelspannung kann die Atmung erheblich beeinträchtigen. Ihre Rückenmuskulatur ist dann verkrampft und Ihre Wirbelsäule starr und unbeweglich; die Atmung kann nicht ungehindert fließen und ist eher flach und schnell. Außerdem werden durch die dauernde Anspannung u. a. die kleinen Bronchien so verkrampft, daß der Gasaustausch in den Lungenbläschen nur ungenügend stattfinden kann. Die notwendige Vergrößerung des Atemvolumens beim Einatmen ist also nur dann gewährleistet, wenn die Muskulatur locker ist und Sie das Gefühl haben, gut durchatmen zu können – beides Kriterien, die Sie durch den Einsatz der vier Energeter erreichen.

Versuchen Sie aber bitte nicht, die Atmung bewußt zu forcieren. Denn bei einer bewußten Ein- und Ausatmung benutzen Sie die willentlich steuerbare Atemhilfsmuskulatur und nicht die autonom arbeitende Atmungsmuskulatur. Sie vertiefen also für den Moment Ihr Atemvolumen, sobald Sie aber nicht mehr an Ihre Atmung denken, kehrt Ihre Lunge zu dem eingeschränkten Atemvolumen zurück. Langfristig vertieft sich Ihre Atmung also nur dann, wenn sich in Ihrem Körper generell eine geringere Muskelspannung einstellt.

Beim Einsatz der Grundelemente der vier Energeter, besonders beim zentralen Grundelement, können Sie eventuell beobachten, wie ohne Ihr Zutun reflektorisch eine tiefere Atmung einsetzt. Dies deutet dann darauf hin, daß Sie Ihre tieferen Muskelschichten entspannen konnten und Ihre autonome Atemmuskulatur freier durchatmen kann. Mit der Zeit wird Ihre Atmung auch im Alltag tiefer und ruhiger, Ihr Organismus wird ausreichend und umfassend mit Sauerstoff versorgt – und Sie haben sich den billigsten und gesündesten Jungbrunnen erschlossen, den es gibt.

NORMALISIERUNG DER SCHLAFPHASEN:
Der Schlaf ist ein sehr genaues Meßinstrument für die Ausgeglichenheit eines Menschen und reagiert bei Dauerbelastungen, welcher Art auch immer, sehr präzise mit einer zunehmenden Verweigerung. Können Sie also häufig nicht einschlafen oder wachen des öfteren nachts auf, liegt der Verdacht einer permanent zu hohen Anspannung nahe.

Leider ist der Schlaf aber ein Geschenk, das sich nicht erzwingen läßt. Sie werden feststellen, daß, je mehr Sie schlafen wollen, es Ihnen desto weniger gelingt. Jede Konzentration darauf verursacht eine Anspannung, die den Eintritt des Schlafes torpediert. Ein gelassenes Beobachten, *ob* Sie einschlafen, ist aber zugegebenermaßen extrem schwierig.

Im Falle von Schlafstörungen bleibt Ihnen aber trotzdem nichts anderes übrig, als sanft immer wieder den Einsatz der vier Energeter zu üben. Ein probates

Mittel ist auch, sich einfach nur vorzustellen, wie Sie stehen und sich sanft im Stehen im Zeitlupentempo bewegen. Der Gedanke an eine extrem langsame, sanfte Bewegung bewirkt oft eine relevante Verringerung des Aktivitätsniveaus im Organismus. Falls Sie beim Entspannen im Liegen noch unruhiger werden, stehen Sie am besten auf und stellen sich z. B. neben das Bett, um das Basistraining im Stehen durchzuführen. Manchmal gelingt es, die bestehende Spannung dadurch soweit abzusenken, daß Sie anschließend im Liegen zur Ruhe kommen können.

Normalisierung des Immunsystems:
Durch eine dauernde hohe Anspannung kann der Aufbau der notwendigen Abwehrzellen im Immunsystem blockiert werden. Dadurch wird die Fähigkeit des Organismus geringer, mit Krankheitserregern wie z. B. Viren und Bakterien fertig zu werden, und es tritt eine Immunschwäche ein, womit eine überdurchschnittlich hohe Infektanfälligkeit verbunden ist. Wenn Sie also durch den Einsatz der vier Energeter immer wieder eine Regenerationspause einschalten, geben Sie damit Ihrem Organismus die Möglichkeit, das Immunsystem aufzustocken und seine Abwehrzellen zu vervielfältigen, um für feindliche Krankheitserreger besser gewappnet zu sein.

Normalisierung des Blutdrucks:
Unter Streß kann eine Verengung der Gefäße eintreten. Dadurch kann es zu einem Anstieg des Blutdrucks kommen, der sich bei permanenter Überforderung zu einem

dauerhaften Bluthochdruck entwickeln kann. Dieser muß auf jeden Fall zuerst einmal vom Arzt behandelt werden. Es ist aber sicher von Nutzen, wenn Sie die Anweisungen des Arztes durch den Einsatz der vier Energeter unterstützen. Sie werden dadurch auf Dauer erreichen, daß Ihr Blutdruck wieder sinkt und Sie eventuell mit einer weniger hohen Medikation auskommen können.

Normalisierung der Herz- und Kreislauffunktionen:
Anhaltender Streß kann langfristig die Funktion des Herz-Kreislauf-Systems schädigen und das reibungslose Funktionieren des Blutkreislaufes gefährden. Auch in diesem Fall muß ein Arzt konsultiert werden. Die entsprechenden Maßnahmen des Arztes werden aber durch den regelmäßigen Einsatz der vier Energeter unterstützt, indem man den Organismus durch die eintretende Verringerung der Dauerspannung entlastet.

Normalisierung der Verdauungsfunktion:
Durch ständige Anspannung und Streß treten oft eine Verkrampfung der Darmmuskulatur und somit treten Verdauungsstörungen ein. Dies ist häufig mit einer erheblichen Beeinträchtigung des Wohlbefindens verbunden.

Auch in diesem Fall ist es absolut notwendig, einen Arzt zu Rate zu ziehen, um die genauen Zusammenhänge abzuklären. Falls dieser feststellt, daß Ihre Verdauungsbeschwerden rein nervöser Natur sind, beginnen sie möglichst schnell mit dem Training der vier Energeter; es wird zwar eine Weile dauern, bis Sie eine Verbesserung Ihres Befindens spüren, aber auf lange Sicht gesehen, werden Sie auf diese Möglichkeit, sich das Leben leichter zu machen, nicht mehr verzichten wollen.

Kapitel 6: Die Perspektiven

„Durch regelmäßiges Üben bekommt man die Kraft eines Holzfällers, die Gelenkigkeit eines Eichhörnchens und die Gelassenheit eines Weisen!"

Obige Verheißung stammt wieder aus dem Munde eines T'ai-Chi-Ch'uan-Meisters und erscheint zu schön, um wahr zu sein. Aber auch sie hat genauso wie die Aussage Cheng Man-Ch'ings („Energie gewinnt man im Liegen, Sitzen, Stehen und beim Gehen") ihren fundierten Hintergrund und ist daher gut geeignet, die möglichen Perspektiven eines körperorientierten Energietrainings darzustellen.

Wie kann nur durch sanfte Bewegung die Kraft eines Holzfällers entstehen?

Stellen Sie sich unseren Muskelapparat als eine ineinander verzahnte Kette von Spiralfedern vor, die immer paarweise angeordnet sind; wenn die eine Seite gebeugt wird, wird der Gegenspieler gestreckt und umgekehrt. Ist nun ein Muskel z. B. einer extremen Streckung ausgesetzt, so muß der Gegenspieler entsprechend in der entgegengesetzten Extremposition der Beugung verharren.

Wird diese Position auf Dauer aufrechterhalten, so arretiert die Muskulatur in dieser Lage und verliert die Fähigkeit, sich flexibel zu bewegen. Sportphysiologische Untersuchungen ergeben entsprechend, daß eine andauernd unter Anspannung stehende Muskulatur mit der Zeit ihre Elastizität verliert.

Im normalen Alltag werden bestimmte Muskelbereiche oft lange in Extrempositionen gehalten, die von Natur aus eigentlich nicht vorgesehen sind. Eine unphysiologische Haltung beim Sitzen, einseitige Bewegungsabläufe, langes Schreiben am Computer, falsches Stehen u. v. a. m. verursachen durch eine dauernde Anspannung bei manchen Muskeln eine Verkürzung, das entsprechende Gegenüber wird dafür zu sehr ausgedehnt. Eine gute Ausgewogenheit aller Muskelgruppen können nur sehr wenige Menschen vorweisen. Die langfristige Folge eines derart unausgewogenen Muskelapparates ist eine Einschränkung der Kraft und Beweglichkeit des gesamten Bewegungsapparates mit all seinen Folgen. Es können Schmerzen, einseitige Abnutzungserscheinungen, Deformationen etc. auftreten, und die Leistungsfähigkeit des Organismus wird dadurch zunehmend eingeschränkt.

Leider wird man zumeist erst in einem sehr späten Stadium bestehender Verspannungen darauf aufmerksam, daß irgend etwas nicht stimmt; die bekannte Leidensspirale der Rückenschmerzen tritt erst dann auf, wenn die Muskulatur schon extrem verhärtet ist. Die Wiederherstellung der normalen Gegebenheiten ist dann nicht so leicht wieder zu erreichen; es bedarf einiger Geduld, bis die Muskelfasern wieder geschmeidig und flexibel werden, und diese Geduld wird selten aufgebracht. Häufig wird versucht, schnell spürbare Erfolge zu erzielen und das *Wieder-beweglich-Machen* der einzelnen Muskelgruppen mit Brachialgewalt zu forcieren. Wenn eine Spiralfeder, die lange in einer bestimmten Position verharrte, plötzlich gewaltsam in die eine oder andere Richtung gezerrt wird, treten im besten Fall feine Haarrisse auf, im schlimmsten Fall reißt die Feder. Das *Wieder-beweglich-Machen* der einzelnen Muskelgruppen kann also nur langfristig durch geduldiges Üben gelingen.

Der wirksamste Trick für eine erfolgreiche Wiederherstellung der Flexibilität des Muskelapparates ist die Durchführung von kleinen, aber stetigen Bewegungsabläufen, die den verhärteten Bereichen des Muskels die Gelegenheit geben, langsam, aber sicher wieder locker zu werden. Kleine sanfte Bewegungen und eine anschließende sanfte Entspannung lockern einen Muskelbereich besser und intensiver als Extrembewegungen. Genau dieses Grundwissen ist in den östlichen Methoden des Chi Gong und T'ai Chi Ch'uan enthalten; sanfte, fließende Bewegungsabläufe ermöglichen es, in einer ungeschlagen effizienten Art verhärtete Muskeln wieder geschmeidig zu machen. Das bewußte Lockerlassen und die anschließenden langsamen, stetigen Bewegungen fördern die Fähigkeit der Muskulatur, sich wieder in der Mitte und nicht nur in den extremen Positionen zu bewegen, um sich dadurch langsam wieder auf ein normales Gleichgewicht einstellen zu können.

Langfristig ist also die Kombination eines alltagsbegleitenden Einsatzes der vier Energeter, kombiniert mit einer der alten Techniken wie Chi Gong oder T'ai Chi Ch'uan (genaue Beschreibung siehe am Ende dieses Kapitels) optimal, um Verhärtungen und schmerzhaften Verspannungen vorzubeugen und Ihren Muskelapparat beweglich und flexibel zu erhalten. Sie lernen bei einem regelmäßigen Einsatz, Ihren Organismus ganzheitlich wieder in die *Mitte* zurückzuführen. Die bewußte, lockere Art der Bewegung löst die Verspannungen in Ihrem ganzen Körper und bearbeitet Ihren gesamten Muskelapparat, so daß nach einiger Zeit des Übens (ehrlicherweise muß man sagen, daß dies ein paar Jahre dauern kann) die Muskeln wieder gestählt sind und einwandfrei ihre Funktion erfüllen können. Die Leistungsfähigkeit Ihres Muskelapparates kann auf diese Art bis zu der eines Holzfällers gesteigert werden und bleibt Ihnen vor allem bis ins hohe Alter erhalten.

Wie kann die Gelenkigkeit eines Eichhörnchens erreicht werden?

Die meisten Menschen sind im Alltag mit einer Reihe von Anforderungen konfrontiert, die es mit sich bringen, daß sie den größten Teil des Tages über kaum Bewegungen ausführen. Wenn man bedenkt, daß unser Organismus für ein Überleben in freier Wildbahn entwickelt ist, kann man sich gut vorstellen, wie unnatürlich eine derartige Lebensweise für unseren Körper ist.

Als Folge treten Verspannungen auf, die auf Dauer den gesamten Bewegungsapparat einschließlich der Gelenke blockieren können. Außerdem ist unser Organismus in vielen Stoffwechselfunktionen auf Bewegung angewiesen. Falls diese fehlt, sind z. B. wichtige Transportfunktionen wesentlich eingeschränkt.

Durch mangelnde Bewegung treten also einerseits Muskelverspannungen auf, die die Gelenkfunktion beeinträchtigen, andererseits lagern sich Stoffwechselschlacken in Gelenkkapseln ab, die nicht abtransportiert werden und dann schmerzhafte rheumatische Beschwerden verursachen können. Die Anzahl der dadurch initiierten möglichen Problemkreise würde ein ganzes Buch füllen. Alldem kann man durch sanfte Bewegung der Gelenke, kombiniert mit bewußter Entspannung, vorbeugen. Man fördert das vermehrte Ausscheiden von Gelenkflüssigkeit, und gleichzeitig sorgt der verbesserte Blutkreislauf für den schnelleren Abbau der Schadstoffe. Insgesamt bewirkt man mit einem kleinen täglichen Aufwand eine breite Palette von wohltuenden Wirkungen im Körper, die sich langfristig mehr als bezahlt machen.

Welche Voraussetzungen gilt es zu erfüllen, um die Gelassenheit eines Weisen zu erreichen?

Das Erreichen dieser dritten Fähigkeit ringt mir immer wieder ein sehnsuchtsvolles Seufzen ab, da ich mir selbstkritisch eingestehe, daß zwar meine vorhandene

Gelassenheit wesentlich größer geworden ist, aber mein Temperament nach wie vor ab und zu mit mir durchgeht. Ich kann also von mir noch nicht behaupten, die vollkommene Gelassenheit eines Weisen erreicht zu haben, aber schon die kleinen Schritte meiner zunehmenden Gelassenheit empfinde ich als relevante Verbesserung meiner Lebensqualität.

Welches sind nun die Voraussetzungen für die Gelassenheit eines Weisen? Grundlegend ist dazu die Fähigkeit notwendig, die Gedanken jederzeit zur Ruhe bringen zu können. Dies hört sich relativ einfach an, ist es aber nicht. Denn genauso, wie es uns nicht von Natur aus gegeben ist, unter Streß entspannen zu können, haben wir auch keine angeborene Fähigkeit, unsere Gedanken willentlich anzuhalten, abzuschalten oder nur auf einen Wahrnehmungsbereich auszurichten. Dies wäre nämlich unserem Überleben in freier Wildbahn nicht besonders zuträglich gewesen. Hätten wir nicht dauernd alle Informationen aus unserem Umfeld aufgenommen und analysiert, sondern hätten stundenlang dagesessen, um unsere Aufmerksamkeit auf ein Blümchen zu richten, so hätten wir als Spezies wahrscheinlich nicht überlebt. Unsere Gedanken sind also natürlicherweise auf alles gerichtet, was in unserer Umgebung passiert.

Die Fähigkeit, die Gedanken zur Ruhe zu bringen, ist uns also nicht angeboren, sondern das Resultat eines intensiven Trainings. Schon seit Tausenden von Jahren werden Menschen, die unter anderem diese Fähigkeit zu einer großen Vollkommenheit bringen, geachtet und verehrt. Sie wurden quer durch die Kulturen und Jahrhunderte als *Meister, Guru, Yogi, Schamane, weise Frau* u. ä. mit großer Hochachtung behandelt und versammelten jeweils wieder Schüler um sich, die ihre Methoden der Sammlung der Gedanken nachvollzogen, um selbst in den Kreis der Meister aufzusteigen.

Im Laufe der Jahrhunderte entwickelten sich dementsprechend verschiedene Methoden, die alle zum Ziel hatten, eine bewußte Ruhepolung der Gedanken zu erreichen. Jede Art von Meditation, Yoga, Chi Gong, T'ai Chi Ch'uan und viele andere Techniken basieren auf diesem Grundprinzip, nämlich die gedankliche Aufmerksamkeit zu bündeln (siehe Kapitel 1), wodurch die bei normaler Gedankentätigkeit vorherrschenden Beta-Wellen in die gleichmäßigeren und niederfrequenteren Alpha-Wellen übergehen. Bei jahrelang trainierten Yogis wurden in tiefen Meditationszuständen Alpha-Wellen gemessen, die über die gesamte Gehirnregion ausgebreitet sind und eine fast konstante Frequenz und Amplitude aufweisen. Dieser Zustand einer praktisch ausschließlichen Alpha-Tätigkeit der Gehirnwellen, in dem sich die gesamte Gehirnrinde in einem gleichmäßigen Zustand entspannter Ruhe befindet, wird wissenschaftlich als Hypersynchronisierung bezeichnet und dürfte dem Zustand entsprechen, den alte Meister z. B. als *reines Bewußtsein, Erleuchtung* o. ä. beschrieben haben. Buddhistische Mönche können nach Jahren täglichen Übens diese Alpha-Aktivität sogar bei geöffneten Augen aufrechterhalten.

Das erklärte Ziel meditativer Techniken ist es also, die Gedanken bewußt sammeln zu können. Ein jahrzehntelanges, ausschließlich auf dieses Ziel gerichtetes Training führt dann zur Erleuchtung. Wenn man diesen Aufwand aber nicht betreiben will, so sind die Fähigkeiten, die sich mit einem relativ geringen Trainingsaufwand erlernen lassen, auch schon verblüffend vielfältig und überzeugend. Schon allein durch den alltagsbegleitenden Einsatz der vier Energeter kann ein unproduktiv hoher Erregungszustand normalisiert werden. Die Kombination der vier Energeter mit einer alten Technik wie Chi-Gong oder T'ai Chi Ch'uan bewirkt neben den gesundheitlichen Vorteilen eine zusätzliche Intensivierung der Fokussierungsfähigkeit und somit langfristig die Fähigkeit einer spürbar gelasseneren Lebensweise. Relevante Lernschritte in Richtung einer größeren Ausgeglichenheit lassen sich also durchaus auch schon in einem normalen Alltag mit all seinen Belastungen erreichen.

Warum ist es sinnvoll, langfristig die vier Energeter mit Chi-Gong oder T'ai Chi Ch'uan zu kombinieren?

Obwohl alte Methoden ein ungleich größeres Lernpotential beinhalten, fällt der Einstieg in das Thema Entspannung oft leichter mit einer *jungen* Technik. Es ist somit ideal, den Einstieg in das Thema Entspannung über eine einfache und klar strukturierte Einstiegstechnik zu finden, um diese dann langfristig mit einer alten Technik zu kombinieren.

Durch den Einsatz der vier Energeter erleben Sie schon bald, daß Sie im Alltag Ihre Anspannung bewußt modulieren können. Sie werden zunehmend vertraut mit einer bewußten Körperwahrnehmung und spüren, daß Sie erfolgreich Einfluß auf Ihre Körperspannung und damit auch auf Ihre Streßsituation nehmen können. Wenn Sie sich nach diesen ersten Erfolgserlebnissen entscheiden, eine alte Technik zu erlernen, fällt es Ihnen viel leichter, sich mit der komplexen Methodik anzufreunden. Sie stehen nicht wie viele andere Menschen beim ersten Kontakt mit sanfter, langsamer Bewegung zu Beginn völlig überfordert da, sondern Sie wissen schon, worauf es ankommt, und können die Elemente dieser Techniken wesentlich effizienter einsetzen. Dadurch ist Ihre Motivation, sich tiefer mit diesem Thema auseinanderzusetzen, von Beginn an besser, und Ihre Chance ist wesentlich größer, die erste, schwierige Phase einer alten Technik durchzuhalten, bis diese ihre ganze Wirkung entfalten kann. Wenn Sie erst einmal erlebt haben, wieviel Aufmerksamkeit nötig ist, um sich bewußt langsam und sanft zu bewegen, können Sie sich gut vorstellen, daß in den alten Methoden wie Chi Gong und T'ai Chi Ch'uan ein fast unerschöpfliches Potential zur Weiterentwicklung vorhanden ist. Die Kombination der vier Energeter mit einer alten Technik hat sich somit gut bewährt.

Der zeitliche und finanzielle Aufwand, den Sie für das Erlernen einer alten Technik treiben müssen, ist relativ gering. Falls es möglich ist, gönnen Sie sich zumindest am Anfang (auch) Privatstunden. Da es nicht notwendig ist, jede Woche eine Unterrichtseinheit zu absolvieren, sondern die einzelnen Stunden zwei, drei, vier oder mehr Wochen auseinanderliegen können, kommt das Lernen in Privatstunden auch nicht teurer als ein Kursangebot.

Es ist zwar nicht in jedem Umfeld die Auswahl groß genug, um aus mehreren Angeboten wählen zu können, trotzdem sind die Techniken des T'ai Chi Ch'uan inzwischen so weit verbreitet, daß sich praktisch überall ein vernünftiges Angebot finden läßt. Bei der Suche nach einem Ausbildungsort ist es sehr wichtig, auf die Qualität des Lehrers bzw. der Lehrerin zu achten. Leider hat das breitgefächerte Angebot auf diesem Gebiet den Nachteil, daß in der *Szene* aufgrund eines fehlenden klaren Berufsbildes nicht nur fundiert arbeitende Meister, sondern auch einige selbsternannte Lehrer zu finden sind. Informieren Sie sich daher gut über den Ausbildungsweg des Lehrers, und lassen Sie sich den Hintergrund der einzelnen Ausbildungswege erklären, wenn Ihnen diese kein Begriff sind. Achten Sie aber auf jeden Fall auf Ihr Gefühl beim Unterricht! Wenn Sie sich bei der Durchführung der Übungssequenzen wohl fühlen, tut Ihnen diese Methode gut. Falls Sie aber das Gefühl haben, nicht gut aufgehoben zu sein, suchen Sie besser weiter. Sie profitieren in unangenehmen Kurssituationen nur sehr wenig.

Nachfolgend finden Sie zur besseren Orientierung eine kurze Beschreibung von Chi Gong und T'ai Chi Ch'uan:

Grundidee: T'ai Chi Ch'uan basiert auf der Harmonie aller zusammenwirkenden Kräfte im Körper. In den Übungen werden durch sanfte Bewegungen Spannungen und Verkrampfungen gelöst, so daß die Energie im Körper wieder harmonisch fließen kann. Alle Bewegungen sind von jeder Anstrengung befreit, um damit eine tiefgehende Entspannung von Körper und Geist zu erreichen. T'ai Chi Ch'uan beansprucht im Laufe der *Form*, also der Übungsreihe von festgesetzten Bewegungen, in ausgewogener Weise alle Muskeln, Sehnen und Gelenke und bewahrt dadurch Ihre Flexibilität. Die Form wird in drei Teilen gelernt und entwickelt schon von Beginn an ihre harmonisierende Wirkung.

Lernphase: Um die drei Teile der Kurzform zu erlernen, benötigt man je nach Engagement zwischen 1/2 und 2 Jahren, doch kann die entspannende Wirkung der langsamen Bewegungen schon sehr früh wahrgenommen werden.

Umsetzungsmöglichkeiten im Alltag: Die Methode kann in kleinen Pausen eingesetzt werden, da die bewußte Ausführung der Bewegungsabläufe praktisch überall erfolgen kann. Sie ist auch unter hoher Belastung einsetzbar.

Kleidung: normale Alltagskleidung

Grundidee: Durch weiche, sanfte Bewegung wird die körperliche und geistige Harmonie und Ausgeglichenheit wiederhergestellt, Blockaden und Verspannungen werden gelöst, und die Energie kann wieder gleichmäßig durch den Körper fließen. Frei von Anstrengung entspannen die fließenden Bewegungsabläufe die ganze Muskulatur, Sehnen und Gelenke.

Lernphase: Je nach Methode können die Basisübungen relativ schnell erlernt werden. Bis zu Harmonie und Leichtigkeit der Übungen können aber Jahre vergehen.

Umsetzungsmöglichkeiten im Alltag: Die Methode kann in kleinen Pausen eingesetzt werden, da die bewußte Ausführung der Bewegungsabläufe praktisch überall erfolgen kann. Sie ist auch unter hoher Belastung einsetzbar.

Kleidung: normale Alltagskleidung.

Wann sollte man mit dem Einsatz der vier Energeter beginnen?

Warten Sie mit dem Einsatz der vier Energeter nicht, bis sie *Zeit* haben oder *besser in Form* sind, sondern beginnen Sie am besten sofort damit. Die Technik arbeitet mit einem Grundelement, das schnell erlernbar und unauffällig im Alltag einsetzbar ist; deswegen sind die vier Energeter eine ideale Einstiegstechnik, um sich das Leben ab sofort leichter zu machen. Probieren Sie die einzelnen Grundelemente ruhig sofort aus, und beobachten Sie, inwieweit Sie diese als wirksam erleben. Falls Sie eine professionelle Unterstützung suchen, wodurch der Lernprozeß im allgemeinen beschleunigt wird, gehen Sie mit diesem Buch zu einem Experten auf dem Gebiet der Körperarbeit. Ich habe die Erfahrung gemacht, daß viele Krankengymnasten, Osteopathen, Atemtherapeuten, Gymnastiklehrer und Sportlehrer etc. auch Erfahrung mit bewußter Entspannung haben und profunde Unterstützung beim Erlernen der vier Energeter geben können. Sie können dann in der S-Bahn, bei einer Besprechung, in der Warteschlange, im Büro, also praktisch überall und jederzeit ein hohes Spannungsniveau deutlich verringern, ohne daß dies jemand bemerkt, und Sie gewinnen mühelos jede Menge Energie.

Falls Sie mit der Zeit Ihre Fortschritte intensivieren möchten und beginnen, eine der alten Techniken zu trainieren, brauchen Sie sich langfristig um die Pflege Ihres Energiehaushaltes nicht mehr zu sorgen. Sie sind nun nicht mehr hilflos vom Streß getrieben, sondern in der Lage, bis zu einem gewissen Grad wählen zu können zwischen Spannungsphasen und Ruhephasen und können Ihre Batterie immer wieder auftanken – eine Fähigkeit, die ein großes Maß an Ruhe mit sich bringt und Ihre Gesundheit auf optimale Weise pflegt. Am Beispiel von beneidenswert agilen Senioren aus China, die jahrelang Entspannungstechniken praktizieren, kann man sehen, daß man mit minimalem Einsatz seinen Bewegungsapparat bis ins hohe Alter fit und flexibel erhalten kann.

Unterlagen und Information:
Entspannungspraxis Roswitha Ram
83707 Bad Wiessee
Tel.: 0049/(0)8022-82556
Fax: 0049/(0)8022-85253

Weiterführende Literatur

Frederic Vester
Phänomen Streß
dtv-Verlag 1979

Frederic Vester
Neuland des Denkens
dtv-Verlag 1984

Frederic Vester
Denken, Lernen, Vergessen
dtv-Verlag 1978

Burkhard Peter / Wilhelm Gerl
Entspannungstraining
Orbis Verlag 1991

Paul Watzlawick
Wie wirklich ist die Wirklichkeit?
Piper Verlag 1978

Dietmar Juli / Maren Engelbrecht
Streßverhalten ändern lernen
rororo Sachbuch 1988

Ken Dychtwald
Körperbewußtsein
Synthesis Verlag 1977

Petra und Toyo Kobayashi
T'ai Chi Ch'uan – Einswerden mit dem Tao
Hugendubel Verlag 1989

Petra Kobayashi
Der Weg des T'ai Chi Ch'uan
Hugendubel Verlag 1989

Dr. Ute Engelhardt
Chi Gong
MLV-Verlag 1998

Moshè Feldenkrais
Abenteuer im Dschungel des Gehirns
Suhrkamp Taschenbuch 1981

Moshè Feldenkrais
Bewußtheit durch Bewegung
Suhrkamp Taschenbuch 1978

Daniel Goleman
Emotionale Intelligenz
Carl Hanser Verlag 1995

Marianne Fuchs
Funktionelle Entspannung
Hippokrates Verlag 1984